Inhaltsverzeichnis A- H

Inhaltsverzeichnis I - Q

Inhaltsverzeichnis R-Z

EINE GESCHICHTE ZUR EINFÜHRUNG !!!

Die unmöglichen Weihnachtskekse die nie fertig werden !!!

1 Tasse Wasser 1 Tasse Zucker 4 große Eier ¼ kg Butter 2 Tassen getrocknete Früchte 1 Teelöffel Backpulver 1 Teelöffel Salz 1 Tasse braunen Zucker Saft von einer Zitrone 1 Säckchen Nüsse 1 Flasche schottischen Whisky. Öffnen Sie die Flasche Whisky und prüfen Sie ihn auf seine Qualität. Nehmen Sie eine große Schüssel. Versuchen Sie den Whisky erneut. Um sicher zu sein, dass es sich um die beste Qualität handelt, füllen Sie eine Tasse randvoll und trinken Sie diese aus. Werfen Sie den elektrischen Mixer an und schlagen Sie eine Tasse voll Butter in der Schüssel schaumig. Fügen Sie einen Teelöffel Zucker hinzu und schlagen Sie weiter. Stellen Sie sicher, dass der Whisky noch immer ok ist: Versuchen Sie eine weitere Tasse. Schalten Sie den Mixer aus. Werfen Sie zwei Eier in die Schüssel und schmeißen Sie die Tasse mit den getrockneten Früchten hinterher. Mixen Sie den Schalter wieder an. Falls die gefrüchteten Trockne zu klebrig werden, lösen Sie sie mit einem Schraumzieher. Schmecken Sie das Backpulver ab und prüfen Sie den Whisky auf seine Färbung zu checken. Als nächstes sieben Sie zwei Tassen Salz oder etwas Ähnliches. Was soll's: Prüfen Sie den Whisky!

Nun hacken Sie den Zitronensaft klein und pressen die Nüsse aus. Fügen Sie einen großen Löffel Rizinusöl hinzu und rühren mit dem Zeigefinger kräftig durch. Löffel! Vom Zucker oder so. Irgendeinen werden Sie doch in Ihrer Küche finden, verdammt noch mal! Fetten Sie den Ofen ein. Drehen Sie die Kuchenform auf 350 °C. Vergessen Sie nicht den Schalter abzumixen. Schmeißen Sie die Schüssel aus dem Fenster. Trinken Sie den Rest Whisky und gehen Sie zu Bett.

Anisplätzchen

ZUBEREITUNG
Zucker, Eier im Mixtopf **30 Sek./Stufe 4** schaumig schlagen, Mehl und Anis hinzufügen und nochmals kurz Brotstufe verarbeiten. Kleine Plätzchen auf ein Backblech setzen. Über Nacht antrocknen lassen. Dann bei mäßiger Hitze backen.

ZUTATEN
200 g Zucker, 220 g Mehl, 1 Vanillezucker, 3 Eier, 1 TL Anispulver

Adventsröschen

ZUBEREITUNG: Alle Zutaten in den Mixtopf geben und **2 Min./Brotstufe** verkneten. Teig kalt stellen. Anschließend ausrollen und mit Plätzchen-Puzzle Blumen ausstechen. Eigelb mit etwas Wasser verrühren, die Hälfte der Plätzchen damit bestreichen und mit Mandelhälften verzieren. Auf dem gefetteten Backblech 8-10 Min. bei 200 °C backen. Nach dem Erkalten je ein verziertes und ein unverziertes Plätzchen mit Orangenmarmelade zusammensetzen.

ZUTATEN
300 g Mehl, 1 Ei, 1 Pr. Salz, 120 g Zucker, 150 g Butter, 1 Eigelb, Mandelhälften, Orangenmarmelade

Adventskuchen

ZUBEREITUNG: Aus den Zutaten im Mixtopf einen Rührteig herstellen **2-3 Min./Stufe 4** und diesen in einer gut gefetteten Kasten- oder Springform (26 cm) bei 175 °C 75 (1,15 Std.) bis 100 (1,40 Std.) Min. backen. Nach dem Auskühlen mit Schokoguss bestreichen und mit gehackten Mandeln bestreuen oder mit weihnachtlichen Motiven verzieren.
Tipp: Aprikosen klein geschnitten in Rum 40% einweichen - bevor sie in den Teig kommen in Mehl wälzen (mehlieren), damit sie beim Backen nicht nach unten sinken. Diese auf **Stufe 3/LL** unterrühren. Man kann auch Marzipan zerkleinert dazugeben!

ZUTATEN
250 g Butter, 250 g Mehl, 4 Eier, 3 TL Backpulver, 200 g Flüssige Sahne, 1 P. Vanillezucker, 1 Msp. Salz, 150 g brauner Rohrzucker, 1 EL Honig (flüssig), 100 g getrocknete, ungeschwefelte Aprikosen, Schwartau dunkle Kuchenglasur

Anis-Springer

ZUBEREITUNG: Alle Zutaten in den Mixtopf füllen und **2 Min./Brotstufe** verkneten. Plätzchen herstellen und diese dann bei ca. 175 °C 15 – 20 Min. backen.

ZUTATEN
280 g Puderzucker, 400 g Mehl, 3 Eier, 350 g Butter, 1 EL Anis

Adenauers Advent Torte

ZUBEREITUNG

Von Eier bis Mehl die Zutaten in den Mixtopf füllen und alles **2-3 Min./Stufe 4** mischen und einen Biskuitteig zubereiten und in eine Springform von 24 cm füllen. Bei 175 °C im vorgeheizten Backofen 40 Min. backen. Auskühlen lassen. Für die Mokkacreme das Wasser und den Puderzucker zu Sirup kochen (**Stufe 2/90 °C**) dann umfüllen. Eigelb **Stufe 3** cremig schlagen. Den heißen Sirup nach und nach dazugeben, Mixtopf auf **Stufe 2** laufen lassen. Den Kaffee mit 1-2 EL heißem Wasser verrühren und zur Eiercreme rühren. Nach und nach Butter unterschlagen. Mit Kaffeelikör aromatisieren. Auskühlen lassen. Den Biskuit in 3 Böden teilen. Die Böden mit Rum tränken und mit Mokkacreme bestreichen und auf der Oberfläche verzieren. Die Mandelblättchen an den Rand der Torte drücken. Die Torte rund herum mit Mokkacreme bestreichen. Mit Schokoblättchen verzieren. Kühl stellen

ZUTATEN

BISKUITTEIG: 6 Eier getrennt, 1 P. Vanillezucker, 6 EL Wasser, 60 g Speisestärke, 100 g Zucker, 100 g Mehl
MOKKACREME: 50 ml Wasser, 2 - 3 EL Kaffeelikör, 150 g Puderzucker, 50 ml Rum, 2 Eigelb, 70 g Mandelblättchen, 2 EL löslicher Kaffee, 12 weiße Schokoladenblättchen, 200 g Butter

Amaretto- Quark Stollen

ZUBEREITUNG: Haselnüsse auf **Turbo** fein mahlen. Restliche Zutaten zugeben und auf der **3 Min./Knetstufe** verkneten, (beim TM21 mit Spatel helfen und erst die weichen Zutaten rein geben). Entweder einen Stollen formen oder in eine Stollenbackform geben. Bei 175 – 200 °C ca. 60 Min. backen. Noch heiß mit reichlich zerlassener Butter bepinseln und mit Puderzucker bestäuben. Wer will kann auch das Zitronat und Orangeat vorher im Mixtopf zerkleinern. Dann beißt man nicht drauf! Dieser Stollen schmeckt am besten die ersten 3 Tage!

ZUTATEN

500 g Mehl, 1 P. Backpulver, 1 Pr. Salz, 200 g Zucker, 175 g Butter, 2 Eier, 250 g Quark, 50 g Orangeat, 50 g Zitronat, 100 g Haselnüsse, 150 g Rosinen in 5 El Amaretto einweichen (über Nacht)

Andreas Minz-Muffins

ZUBEREITUNG

Vollmilchschokolade im Mixtopf **Stufe 7** zerkleinern und umfüllen. Mehl, Backpulver und Natron in den Mixtopf geben und alles gut mischen. Ei, Zucker, Öl, Buttermilch, Frischkäse **30 Sek./Stufe 4** im Mixtopf verrühren. Nun Schokolade dazugeben und nochmals **30 Sek./LL/Stufe 2-3** untermischen.

FÜLLUNG: Frischkäse, Minzschokolade, Zucker, Buttermilch im Mixtopf kurz **Stufe 4** verrühren bis es eine dickliche Creme ist. Die Hälfte des Teiges, in Muffinförmchen geben. Je 1-2 Kleckse Füllung darauf geben und dann mit dem übrigen Teig die Förmchen auffüllen. Backofen auf 180 °C vorheizen und die Muffins dann 20-30 Min. auf mittlerer Schiene backen. 5 Min. abkühlen lassen. Nach Geschmack dekorieren.

ZUTATEN

100 g Vollmilchschokolade, 250 g Mehl Type 405, 1 P. Backpulver, ½ TL Natron, 1 Ei, 120 g Zucker, 80 ml Öl, 280 ml Buttermilch, 50 g Frischkäse
FÜLLUNG: 150 g Frischkäse, 1 halbe Tafel Minzschokolade, 50 g Zucker, 50 g Buttermilch

Apfel – Vanille- Zimtkuchen

ZUBEREITUNG: Für den Teig die Zutaten ca. **30 Sek./Stufe 4** zu einem Teig verkneten. Dann in eine Springform (24 cm) füllen. Für den Belag die Äpfel schälen, vierteln und in den Mixtopf füllen. Nun mit Zitronensaft beträufeln und Zimt dazugeben. **3-4 Sek./Stufe 5** zerkleinern und auf dem Boden verteilen. Die Zutaten für die Füllung in den Mixtopf geben kurz auf **Stufe 3** mischen, über die Äpfel geben. Danach noch ein paar Mandelblättchen drüber streuen und bei 175 °C ca. 45 Minuten backen.

ZUTATEN

TEIG: 150 g Mehl, 40 g Zucker, 1 TL Zimt, 1 Pr. Salz, 1 Ei, 75 g Butter oder Margarine, 1 Löffel Kakao
BELAG: 2-3 Äpfel, Etwas Zitronensaft, 1 TL Zimt
FÜLLUNG: 1 P. Vanillepuddingpulver, 1 Becher Schmand, 125 ml Sahne, 50 g Zucker, 2 Eier
ZUM BESTREUEN: Mandelblättchen

Amarettokuchen

ZUBEREITUNG

Mandeln **10 Sek./Turbo** mahlen Alles zu den Mandeln geben 2 Minuten **Stufe 4** (**Mixtopf 2½ Min./Stufe 6**) verrühren und in eine Gugelhupfform geben. Bei 175 °C auf der untersten Schiene 1 Stunde backen. Nach dem Auskühlen mit Puderzucker bestäuben.

ZUTATEN

200 g Mandeln, 300 g Mehl, 1 P. Backpulver, 250 g Zucker, ½ MB Milch, 4 Eier, 1 MB Amaretto, 2 MB Öl, 1 Fläschchen Bittermandel Backaroma

Adventkuchen

ZUBEREITUNG

Füllung: Walnüsse bei **5 Sek. /Turbo** zerkleinern. Zucker dazugeben und auf **Stufe 3** alles vermischen, umfüllen. Restl. Zutaten in den Mixtopf geben und ca. **1-2 Min./Stufe 4** mixen. Die Hälfte des Teiges in eine gefettete, ausgebröselte Springform geben. Nussmischung darauf verteilen. (kleinen Rand freilassen, verläuft beim Backen) Nun die andere Hälfte des Teiges oben drauf streichen und bei 175 °C auf mittlerer Schiene ca. 1 Stunde backen.

ZUTATEN

FÜLLUNG: 80 g Walnüsse, 80 g brauner Zucker
TEIG: 200 g Butter, 300 g Zucker (oder halb und halb Süßstoff/Zucker), 1 P. Vanillezucker, 3 Eier, 350 g Mehl, 3 EL Kakao, 1 EL Lebkuchengewürz, 1 P. Backpulver, 200 g saure Sahne oder Schmand, 1 Pr. Salz

Adventtorte

ZUBEREITUNG

Alle Zutaten in den Mixtopf füllen und **2 Min./Brotstufe** verkneten. Plätzchen herstellen und diese dann bei ca. 175 °C 15 – 20 Min. backen.
Tipp: man kann Schokostreusel oder auch Rosinen mit in den Teig geben. (wenn Kinder mit essen Rum weglassen und Kaffee durch Kakao ersetzen)

ZUTATEN

300 g Mehl, 1 P. Backpulver, 1 P. Lebkuchengewürz, 250 g Zucker, 3 Eier, 190 g flüssige Butter, 150 gemahlene Nüsse, 2-3 EL Rum oder 1 kl. Fl. Rum-Aroma, 250 ml kalter Kaffee

Anisplätzchen

ZUBEREITUNG: Eigelb und Puderzucker in den Mixtopf auf **1 Min./Stufe 6** verrühren. Anis und Hirschhornsalz unterrühren und noch mal **30 Sek./Stufe 3**. Mit 2 Teelöffeln Teighäufchen auf ein mit Backpapier belegtes Backblech setzen, mit wenig Zucker bestreuen. Schaltung: 180 °C – 200 °C, Mitteleinschub O/U oder Heißluft 160 °C – 180 °C ca. 8 - 10 Minuten.
TIPP: Statt Anis Ingwer oder Vanille verwenden.

ZUTATEN

5 Eigelb, 400 g Puderzucker, 1 TL gem. Anis oder 2 TL Anissamen,
½ TL Hirschhornsalz, Zucker zum Bestreuen

Amaretto -Quark- Stollen

ZUBEREITUNG: Haselnüsse auf **Turbo** fein mahlen. Alle anderen Zutaten zufügen und **3 Min./Brotstufe** verkneten (bei TM21 mit Spatel nachhelfen, bitte zuerst die weichen Zutaten einfüllen). Danach Stollen formen oder Stollenbackform nutzen. 60 Min. bei ca. 175 °C – 200 °C backen. Wenn der Stollen noch heiß ist mit viel zerlassener Butter einpinseln und anschließend mit Puderzucker bestäuben.

ZUTATEN

500 g Mehl, 1 P. Backpulver, 1 P. Salz, 200 g Zucker, 175 g Butter, 2 Eier, 250 g Quark, 50 g Orangeat,
50 g Zitronat, 100 g Haselnüsse, 150 g Rosinen (in Amaretto ca. 5 EL über Nacht einweichen)

Anis Monde

ZUBEREITUNG: Alle Zutaten zusammen in den Mixtopf füllen und ca. **2 Min./Brotstufe** vermengen. Nochmals mit der Hand durchkneten. In einen Behälter füllen und über Nacht in den Kühlschrank stellen. Nächsten Tag ca. 4 cm dick ausrollen und Monde ausstechen. Auf ein mit Backpapier ausgelegtes Backblech geben. Eiweiß auf Stufe 4 steif schlagen und den Zucker einrieseln lassen. Dann den Anis unterheben. Die Eischneemasse mit einem Spritzbeutel auf die Monde dekorieren. 15 - 20 Min. bei 170 °C backen.

ZUTATEN

100 g Butter, 1 Eigelb, 150 g Mehl, 20 g Zucker, ½ P. Vanillezucker, 1 P. Salz
ZUM DEKORIEREN: 1 Eiweiß, 90 g feiner Zucker, 1 Msp. Anispulver, ½ TL zerstoßene Anissamen

Apfelküchlein mit Zimt/Zucker

ZUBEREITUNG

Teigzutaten **2 Min./Stufe 6** zu einem Teig verarbeiten. Die Äpfel schälen und mit dem Apfelausstecher das Kerngehäuse entfernen. Dann in ca. 1 cm dicke Scheiben schneiden. Butterschmalz in der Pfanne zerlassen. Zimt und Zucker mischen. Die Apfelringe in dem Teig wälzen und dann in die Pfanne mit dem Butterschmalz geben. Auf Küchenkrepp abtropfen lassen und mit dem Zimt/Zucker bestreuen und servieren. Dazu passt sehr gut Vanillesoße wenn es als Nachtisch gereicht wird.

ZUTATEN

TEIG: 140 g Mehl, 1/8 l alkoholfreies Bier, 2 Eier, 1 P. Salz,
1 P. Vanillezucker, 3 säuerliche Äpfel, 50 g Zucker, Zimt,
Butterschmalz zum Ausbacken

Anis-Zipfelmützen

ZUBEREITUNG: Biskuitteig aus den Zutaten herstellen und Mixtopf ca. **2 Min./Stufe 4** vermischen. Nun in einen Spritzbeutel mit Lochtülle füllen und kleine Tuffs auf Blech spritzen mindestens 60 Min. trocknen lassen (am besten über Nacht!). Bei 180 °C (Gas: 2-3) etwa 14 Min. backen (Gebäck sollte noch hell sein).

ZUTATEN

2 Eier, 200 g gesiebter Puderzucker, 1 P. Vanillezucker, 2 TL Anispulver, 175 g Mehl, 1 Msp. Backpulver

Apfelbrot mit Zimt

ZUBEREITUNG

Äpfel geschält und gewaschen auf **Stufe 3** mit Hilfe des Spatels grob zerkleinern. Übrige Zutaten zugeben und **3 Min./Brotknetstufe** verkneten. Teig in gefettete Kastenform oder direkt aufs Blech geben, 1 Std./mittlere Schiene/200 °C backen.

ZUTATEN

500 g Äpfel, 150 g Zucker, 175 g Rosinen, ½ Schnapsglas Obstschnaps
150 g Haselnüsse, 350 g Mehl, 15 g Kakao, 1 Pr. Salz, 1 Pr. Nelkenpulver
2 TL Zimtpulver, 1 P. Vanillezucker, 3 EL Kondensmilch

Biskuitgebäck

ZUBEREITUNG

Rühraufsatz einsetzen! Eiweiß **3 Min./Stufe 4** steif schlagen und umfüllen. Alle anderen Zutaten in den Mixtopf füllen und **2 Min./ Brotstufe** verkneten. Nun den Eischnee **Stufe 3** mit Spatel unterheben. Plätzchen herstellen und diese dann bei ca. 175 °C 15 – 20 Min. backen.

ZUTATEN

4 Eiweiß, 4 Eigelb, 100 g Mehl, 100 g Kartoffelmehl, ½ P. Backpulver, 1 P. Vanillezucker

Bananen-Kokos-Lebkuchen

ZUBEREITUNG

Kokosraspeln in einer Pfanne goldbraun anrösten und abkühlen lassen. Bananenchips im Mixtopf **2-3 Sek./Turbo** fein hacken. Ingwer in kleine Stücke schneiden. Restliche Zutaten zugeben und alles **2 Min./Stufe 4** mischen. Mit 2 Teelöffeln kleine Häufchen auf die Backoblaten geben und etwas flach drücken. Auf ein Backblech legen.
Backen: E-Herd 175 °C/, HL-Herd 150 °C; 15-20 Minuten backen bis die Ränder etwas braun werden. Abkühlen lassen. Die Kuvertüre schmelzen und Lebkuchen mit der Oberseite hinein tauchen. Auf einem Kuchengitter fest werden lassen. Ca. 60 Stück

ZUTATEN

250 g Kokosraspeln, 100 g Bananenchips, 30 g kandierter Ingwer, 3 Eier 2 Eiweiß, 1 Pr. Salz, 200 g Feinster Zucker, 1 P. Vanillezucker, 1 Msp. gem. Kardamom, abgeriebene Zitronenschale, 60 Backoblaten (5 cm Ø)
ZUM VERZIEREN: 250 g weiße Kuvertüre

Blechlebkuchen

ZUBEREITUNG: Alles in den Mixtopf geben und **1,5 Min./Stufe 5** mischen - auf einem Backblech verteilen, 1 P. Vanillezucker, gehobelte Mandeln auf den Teig streuen. Dann in den Ofen und 20 Min. bei 160 °C Umluft backen. 2 Becher Sahne auf den noch heißen Kuchen gießen. Die Hälfte der angegebenen Mengen entspricht einer Springform 28 oder 26 cm Durchmesser.

ZUTATEN

300 g Zucker, 400 g Mehl, 1,5 P. Backpulver, 1 Tüte Lebkuchengewürz, 1 P. Vanillezucker, 2 Eier, ¼ l Buttermilch, 1 P. gehobelte Mandeln, 2 Becher Sahne

Boden ohne Backen

ZUBEREITUNG: Ist schnell gemacht und besteht nur aus drei Zutaten: Lebkuchen im Mixtopf auf **Turbo** sehr fein mahlen. Zwieback ebenfalls im Mixtopf auf **Turbo/Stufe 8** fein zermahlen und beides mit zerlassenem Fett (Butter schmeckt am besten) zu einer gleichmäßigen Masse verkneten **Stufe 5** – fertig ist der Boden!

ZUTATEN

100 g Lebkuchen, 100 g Zwieback, 80 g Butter oder Margarine

Bellini-Torte

ZUBEREITUNG

Die Margarine mit dem Zucker **1-1,5 Min./Stufe 4** schaumig rühren. Die Eier nach und nach dazu. Das Mehl mit Backpulver mischen und alles zusammen unterrühren. Milch portionsweise dazugeben. Ganz kurz nochmals auf **Stufe 6** stellen. Den Teig in der vorbereiteten Form glatt streichen und im vorgeheizten Ofen (Umluft 160 °C) circa 25 Minuten backen. Den Boden aus der Form lösen und auskühlen lassen. Die Pfirsiche auf ein Sieb geben und sehr gut abtropfen lassen, Saft auffangen. Quark, Zucker, Likör und Zitronensaft gut verrühren ca. **30 Sek./Stufe 3-4**. Prosecco unterrühren. 6 Blatt Gelatine einweichen, ausdrücken, erwärmen und unter die Quarkmasse geben. Umfüllen, Mixtopf ausspülen. Die restlichen 2 Blatt Gelatine einweichen. 2 Pfirsichhälften mit 4 EL Saft pürieren (**kurz Stufe 6**). Die restlichen Pfirsiche in Spalten schneiden und beiseite stellen. Die beiden anderen Gelatineblätter auflösen und unter das Pfirsichpüree geben. Wenn die Quarkmasse anfängt dicklich zu werden, Sahne steif schlagen und mit einem Schneebesen unter die Creme mischen. Das Pfirsichpüree als Schlieren unter die Quarkmasse rühren. Die abgetropften Pfirsiche auf dem Boden verteilen, Tortenring drum legen und die Creme dekorativ darauf verstreichen: Im Kühlschrank mindestens 3 Stunden abkühlen lassen. Vor dem Servieren nach Geschmack mit Mandelblättchen dekorieren. Alkoholfreie Variante für Kinder: den trockenen Sekt durch Zitronenlimonade und den Pfirsich-Likör durch Pfirsichsaft ersetzen.

ZUTATEN

FÜR DEN BODEN: 125 g Margarine, 150 g Zucker, 3 Eier, 200 g Mehl Type 405, 2 TL Backpulver, 5 EL Milch, Margarine für die Form.
BELAG: 8 Blatt Gelatine, 1 Dose Pfirsichhälften (820 ml),
500 g Magerquark, 75 g Zucker, Saft von ½ Zitrone, 125 ml Prosecco (trockener Sekt), 3-4 EL Pfirsich-Likör, 200 ml Sahne
DEKO: gehobelte Mandeln

Blitzschokokuchen

ZUBEREITUNG – BECHERKUCHEN: Haselnüsse auf **Turbo** mahlen, umfüllen. Zucker, Eier, Schmand, in den Mixtopf füllen und **2 Min./Stufe 5** mischen. Mehl, Kakao, Backpulver, gemahlene Haselnüsse auf **3 Min./ Stufe 2-3** evtl. mit Spatel untermengen. Masse auf ein gefettetes Backblech füllen und bei 170 °C 20-30 Minuten backen. Mit Puderzucker bestäuben, oder Schokoguss darüber geben.

ZUTATEN

1 Becher Haselnüsse, 1 Becher Zucker, 3 Eier, 1 Becher Schmand, 1 Becher Mehl, 1 Becher Kakao,
1 P. Backpulver, 1 Becher gemahlene Haselnüsse, Puderzucker od. Schokoguss

Baumkuchen

ZUBEREITUNG: Rühraufsatz einsetzen: Eiweiß und Salz **1 Min./Stufe 3** zu Schnee schlagen und umfüllen. **Rühraufsatz entfernen.** Topf nicht reinigen. Butter, Zucker, Vanillezucker, 3 Eier, 3 Eigelb in den Mixtopf geben **1 Min./Stufe 4** verrühren. Restliche Zutaten **30 Sek./Stufe 5** zu einem Teig verarbeiten. Den Eischnee vorsichtig unterheben. Den Backofen auf 200 °C - 220 °C Oberhitze vorheizen. 1 EL Teig in einer gefetteten Form verteilen und ca. 7-9 Minuten abbacken. Der Teig muss hellbraun werden. Schicht für Schicht abbacken, bis der Teig aufgebraucht ist. Für eine große Torte 2x in einer Springform backen, aprikotieren und mit Marzipan verbinden. Mit Zitronenzuckerguss überziehen. Marzipan in grün und braun einfärben und Blätter und Baumstamm zur Deko herstellen.

ZUTATEN
3 Eiweiß, 1 Pr. Salz, 250 g Butter Zimmertemperatur, 250 g Zucker, 1 P. Vanillezucker, 3 Eier, 3 Eigelb, 190 g Mehl, 80 g Speisestärke, 1 TL Backpulver, 2 EL Rum, Aprikosenmarmelade, Marzipan, Zitronensaft, Puderzucker

Biskuitrolle mit Sahnefüllung

ZUBEREITUNG

Rühraufsatz einsetzen! Eier, Eigelb, heißes Wasser in den Mixtopf geben und **2 Min./Stufe 4** rühren. Zucker, Vanillezucker, Salz, **1 Min./Stufe 4** rühren. **Rühraufsatz entfernen!**
Mehl, Maizena (Speisestärke), Backpulver mischen, sieben und in 2 Portionen vorsichtig unterheben. Den Teig auf ein mit Backpapier ausgelegtes Backblech geben und im vorgeheizten Backofen 175 °C (mittlere Schiene) ca. 12 – 20 Min. backen. Biskuit auf ein mit Zucker bestreutes Küchentuch stürzen und mit Backpapier abkühlen lassen. Nach ca. 30 Min. das Backpapier vorsichtig abziehen. Sahne mit Vanillezucker steif schlagen und auf die Biskuitplatte streichen. Erdbeeren oder andere Früchte klein schneiden und auf der Sahne verteilen. Biskuit vorsichtig aufrollen und nach Geschmack dekorieren.

ZUTATEN
*3 Eier, 1 Eigelb, 4-6 EL heißes Wasser, 160 g Zucker, 1 P. Vanillezucker, 1 P. Salz, 100 g Mehl, 50 g Maizena (Speisestärke), 1 gestr. TL Backpulver, Zucker
FÜLLUNG: 2 Becher Sahne, 1 P. Vanillezucker, Erdbeeren oder andere Früchte*

Braune Kuchen

ZUBEREITUNG: Butter, Zucker und Rübensirup im Mixtopf leicht erwärmen **2 Min./50 °C/Stufe 3**. Mandeln, Zimt und Nelken unterrühren & die Mischung abkühlen lassen. Die Pottasche in einem EL warmem Wasser auflösen und unterrühren. Beide Mehlsorten dazugeben und alles zu einem glatten Teig verkneten. Abgedeckt bei Zimmertemperatur eine Nacht stehen lassen. Teig mit den Händen nochmals durchkneten. Wenn der Teig sehr bröckelig ist, eventuell ein bis zwei EL kaltes Wasser dazugeben. Teig auf wenig Mehl oder zwischen Klarsichtfolie etwa 2 mm dick ausrollen und mit einem Kuchenrädchen 3 x 5 cm große Rechtecke ausradeln. Plätzchen auf mit Backpapier ausgelegte Backbleche legen und im vorgeheizten Backofen bei 200 °C, Umluft 170 °C, Gas Stufe 3 etwa acht Minuten backen. Auf einem Kuchengitter erkalten lassen.

ZUTATEN
100 g Butter, 75 g brauner Zucker, 100 g dunkler Zuckerrübensirup, 75 g gehackte Mandeln, 1 TL gemahlener Zimt, 1 Pr. gemahlene Nelken, ½ TL Pottasche, 125 g Weizenmehl Type 405, 125 g Roggenmehl (Type 1150), Mehl zum Ausrollen

Berliner Brot

ZUBEREITUNG

Eier, Wasser, Rum, braunen Zucker im Mixtopf **2 Min./Stufe 3** schaumig schlagen. Mehl, Backpulver, Zimt, Piment oder Nelken kurz **Stufe 3** unterrühren. 150 g Kuvertüre (oder Zartbitterschokolade) grob gestückelt per Hand, wird im Mixtopf zu klein, Haselnüsse (ganz) Zitronat kurz **LL/Stufe 3** unterrühren. Teig auf ein mit Backpapier ausgelegtes Backblech streichen (ca. ½ cm dick) - das ist etwas mühsam, da Teig von der Konsistenz her eher fest ist.
Backen: Heißluft 170 °C 15-20 Min. Sofort nach dem Backen mit einer Glasur aus Puderzucker/Zitronensaft bestreichen... Nach dem Erkalten mit einem sehr scharfen Messer in Rauten schneiden, in Blechdosen verpacken.

ZUTATEN

2 Eier, 1 EL heißes Wasser, 2 EL Rum, 250 g brauner Zucker, 250 g Mehl, ½ TL Backpulver, 1 EL Zimt, ½ EL Piment oder 1 TL gem. Nelken 150 g Kuvertüre (oder Zartbitterschokolade) grob gestückelt per Hand, wird im Mixtopf zu klein, 125 g Haselnüsse (ganz), 100 g Zitronat, Glasur aus Puderzucker / Zitronensaft

Butterplätzchen

ZUBEREITUNG: Alles zu einem Teig im Mixtopf mischen (**2 Min./Stufe 5**) und vor dem Backen mit Eiweiß bestreichen. Backzeit und Temperatur 180 °C 12-15 Min. backen.

ZUTATEN

300 g Mehl, 200 g Butter, 100 g Puderzucker, 2 Eigelb, etwas Zitronenschale

Bolo-Bolo Kokoskugeln

ZUBEREITUNG: Alle Teigzutaten in den Mixtopf geben und auf **Stufe 4** im Intervall zu einem Teig kneten. Ca. 30 Min. kalt stellen. Kokosriegel halbieren. Vom Teig einen geh. TL (ca.10 g) abnehmen, etwas flach drücken und jeweils eine Kokosriegelhälfte darauf geben. Teig darüber schlagen und eine Kugel formen. Kugeln bei 180 °C ca. 10-15 Min. backen. Nach dem Abkühlen in geschmolzene Kuvertüre tauchen und abtropfen lassen. Wer mag mit Gold oder Silberperlen verzieren. ca. 70 Stück.

ZUTATEN

TEIG: 300 g Mehl, 10 g Kakao, 200 g Butter, 100 g Zucker, 1 Eigelb, 1 Pr. Salz, 2 Tüten kleine Kokosriegel (à 150 g), 300 g Halbbitter-Kuvertüre
VERZIEREN: Geschmolzene Kuvertüre, Gold od. Silberperlen

Bisquitboden

ZUBEREITUNG: Eier trennen, **Rühreinsatz einfügen!** Eiweiß herstellen **3 Min./Stufe 3** schlagen, Zucker und Vanillezucker **3 Min./Stufe 2** einrieseln lassen, **1 Min./Stufe 2** weiterrühren. Eigelb **1 Min./Stufe 2** unterrühren. Masse herausnehmen. Mehl, Speisestärke und Backpulver von Hand mit einem Holzlöffel unterheben. In einer gefetteten Springform im vorgeheizten Backofen 40 Min./180 °C backen. Eine Tasse Wasser in den Ofen stellen.

ZUTATEN

6 Eier, 250 g Zucker, 1 P. Vanillezucker, 120 g Mehl, 120 g Speisestärke, 1 TL Backpulver

Cranberry-Cookies

ZUBEREITUNG: Butter und Zucker im Mixtopf **5 Sek./Stufe 3** schaumig rühren. Nun noch die restlichen Zutaten in den Mixtopf füllen und **2-3 Min./ LL/ Stufe 3** verrühren. Teig ½ Stunde kalt stellen. Anschließend walnussgroße Kugeln formen, auf ein mit Backpapier ausgelegtes Backblech setzen und etwas flach drücken. **Backen:** E-Herd 180 °C/, HL-Herd 160 °C; ca. 15 Minuten backen. Puderzucker mit Zimt mischen und abgekühlte Cookies damit bestreuen. Ca. 30 Stück.

ZUTATEN
125 g weiche Butter, 200 g Brauner Zucker, 2 Eier, 80 g getrocknete Cranberries, (ersatzweise getrocknete Sauerkirschen, aus dem Reformhaus), 40 g Rosinen, 50 g gehackte Walnusskerne, 350 g Mehl (Type 550), 1 TL Backpulver, ½ TL Zimt, 1 Msp. gem. Kardamom
ZUM BESTÄUBEN: 1 geh. El Puderzucker, ½ TL Zimt

Christstollen

ZUBEREITUNG
Zuerst die Mandeln auf **Stufe 8** zerkleinern und umfüllen. Dann das Orangeat und das Zitronat zerkleinern **Stufe 8** und mit dem Rum tränken und mind. 30 Min. ziehen lassen, beiseite stellen. Mixtopf kurz spülen. Milch, Hefe, Butter, Zucker und Salz in den Mixtopf geben und **2 Min./50 °C/Stufe 2** erwärmen. Danach Mehl, Ei und Marzipan zugeben und **3 Min./Brotstufe** verkneten. In eine Schüssel geben und ca. 30-40 Min. abgedeckt an einem warmen Ort gehen lassen. Auf einer bemehlten Arbeitsfläche nochmals per Hand durchkneten, dabei das in Rum eingelegte Zitronat und Orangeat, Mandeln und die Rosinen mit einkneten. Den Teig in eine gefettete Stollenbackform geben und mit der offenen Seite auf ein gefettetes Backblech legen. Im vorgeheizten Backofen bei 170 °C ca. 70-75 Min. backen.

ZUTATEN
400 g Mehl, 1 Würfel Hefe, 120 ml Milch, 200 g Butter, 100 g Zucker, 1 Pr. Salz, 1 Ei, 100 g Marzipanrohmasse, 250 g Rosinen, 50 g Orangeat, 50 g Zitronat, 4 cl Rum, 100 g Mandeln

Christmas Cookies

ZUBEREITUNG
Schokolade in der Mikrowelle schmelzen lassen. Nüsse, Zimt und Mehl in den Mixtopf geben und **2 Min. /Stufe 5** rühren. Geschmolzene Butter mit der Hälfte Puderzucker schaumig rühren und alles mit der Nussmischung vermischen. Eiweiß mit Zucker steif schlagen und alles mit dem Spatel unterheben. Nochmals **3 Min./Stufe 3** vermengen. Den Teig auf ein gefettetes Blech verteilen und ca. 20 Min./bei 200 °C backen. Mit dem Rest Puderzucker eine Glasur herstellen und den Kuchen damit bestreichen. Mit Schokoladenstückchen verzieren. ca. 32 Stück

ZUTATEN
200 g Butter, 200 g Halbbitter Schokolade, 150 g gemahlene Walnüsse, 160 g Mehl Type 405, 6 Eier, 200 g Puderzucker, 100 g Zucker, 2 TL Zimt, Schokolade zur Verzierung

Christstollen-Muffins

ZUBEREITUNG: Marzipan auf einer Haushaltsreibe grob raspeln. (Geht so besser als im Mixtopf) Mandeln grob hacken **Stufe 6**. Orangeat fein hacken **Stufe 8**. Rosinen waschen, abtropfen lassen und trocken tupfen. Mit 1 TL Mehl bestäuben. 175 g Butter, Marzipan, braunen Zucker, Vanillezucker, Christstollen-Gewürz und Salz cremig rühren. **1 Min./Stufe 5**. Eier einzeln unterrühren. 325 g Mehl und Backpulver mischen und im Wechsel mit der Milch kurz unterrühren **Stufe 3**. Orangeat, gehackte Mandeln und Rosinen unterheben. Je 1 Papier-Backförmchen in die Vertiefungen eines Muffinblech (für 12 Stück) setzen. Teig einfüllen und im vorgeheizten Backofen (E-Herd 175 °C/Umluft 150 °C/Gas Stufe 2) ca. 30 Min. backen. Mandelblättchen ohne Fett in einer Pfanne rösten und auskühlen lassen. 50 g Butter bei milder Hitze schmelzen. Muffins sofort mit 1/3 geschmolzener Butter bestreichen. 1/3 Puderzucker darauf sieben. Diesen Vorgang noch 2 x wiederholen. Die Muffins aus den Mulden des Backblechs heben. Auskühlen lassen. Zum Servieren mit Mandelblättchen bestreuen und mit Belegkirschen verzieren. 12 Stück

ZUTATEN

100 g Marzipan-Rohmasse, 50 g Mandelkerne (z.B. ohne Haut), 50 g Orangeat, 50 g Rosinen, 1 TL + 325 g Mehl, 175 g weiche + 50 g Butter, 150 g brauner Zucker, 1 P. Vanillezucker, 1 Tüte (5 g) oder 2 ½ TL Christstollengewürz, 1 Pr. Salz, 4 Eier Gr. M, 1 P. Backpulver, 3 EL Milch, ca. 2 EL Mandelblättchen, 50 – 75 g Puderzucker, evtl. 12 rote Belegkirschen, 12 Papier-Backförmchen (ca. 5 cm Durchmesser)

Cornflakeskuchen mit Zimt

ZUBEREITUNG

Cornflakes im Mixtopf zerkleinern. Schmetterling einsetzen, Eier, Zucker, Zimt einfüllen. **7 Min./40 °C/Stufe 3**, Hitze ausschalten weitere **6 Min./Stufe 3** weiterarbeiten. Restliche Zutaten hinzufügen und noch mal **5 Sek./Stufe 2** anschalten. Den Teig mit Hilfe des Spatels in eine Kuchenform füllen. Mit Zimt-Zucker bestreuen und ca. 30 Min. bei 180 °C backen.

ZUTATEN

5 Eier, 250 g Zucker, 2 TL Zimt, 250 ml Öl, 125 g Mehl, 125 g Cornflakes, 1 P. Backpulver, 1 TL Natron, abgeriebene Zitronenschale, 1 Joghurt

Creme Fraiche Sterne

ZUBEREITUNG

Alle Zutaten in den Mixtopf geben **7 Min./Stufe 6** verrühren. Teig entnehmen und ausrollen (ca. ½ cm) Sterne ausstechen und auf ein gefettetes Backblech legen. Mit Mandeln bestreuen und ca. 10 Min. bei 220 °C backen.

ZUTATEN

380 g Mehl, 3 P. Vanillezucker, 150 g Creme fraiche, 250 g Butter, gehackte Mandeln

Café Latte Plätzchen

ZUBEREITUNG

Mehl, Butter, Ei, Kaffee (gekocht) und Zucker im Mixtopf **Stufe 6** zu einem Mürbeteig verarbeiten. Mind. 1 Std. kalt stellen. Sahne aufkochen, weiße Kuvertüre hacken und in der Sahne auflösen lassen. Abkühlen. Teig ausrollen, mit einem Schnapsglas runde Plätzchen ausstechen und bei 180 °C ca. 15 Min. backen. Streichfeste Kuvertüre auf die eine Hälfte der Plätzchen geben und ein anderes Plätzchen als Deckel verwenden. Restliche Kuvertüre in einen kl. Beutel geben, Ecke abschneiden (klein) und kleine Tupfen auf die Keksmitte machen, darauf jeweils 1 Moccabohne legen. Dann alle Kekse mit Kakao-Puderzuckermischung bestäuben.

ZUTATEN

300 g Mehl, 150 g Butter, 1 Ei, 4 EL Kaffee (gekocht), 80 g Zucker, 50 g Sahne, 200 g weiße Kuvertüre, Moccabohnen

Cappuccino-Weihnachts-Waffeln

ZUBEREITUNG: Alles im Mixtopf ca. **2 Min./Stufe 5** verrühren. Das steif geschlagene Eiweiß unterheben und mischen. Waffelweisen mit Margarine/Öl fetten und herrliche Waffeln backen.

ZUTATEN

2 Eier trennen (Eiweiß steif schlagen), 40 g Margarine, 2 Eigelb, 2 ½ TL Süßstoff, 50 ml fettarme Milch, 1 P. Cappuccino nach Geschmack, 80 g Mehl, ½ P. Backpulver, 1 Msp. Lebkuchen od. Spekulatiusgewürz, 1 Msp. gem. Ingwer, 1 Msp. abgeriebene Orangenschale, 1 TL Zimt

Cappuccino -Klugeln

ZUBEREITUNG: Mürbeteig im Mixtopf zubereiten und kühl stellen (ca. 30 Min.) Kugeln formen, auf ein Blech legen 10 – 15 Min. bei 180 °C (Gas: 2-3) backen. Erkaltete Kugeln mit Mischung aus 100 g Puderzucker und 1-3 EL Kaffeelikör (oder starker Kaffee) bestreichen, oder mit Kakao bestäuben.

ZUTATEN

85 g Speisestärke, 220 g Mehl, 1 Ei, 100 g Zucker, ½ Fl. Vanillearoma, 185 g Margarine, 1 Beutel (10 g) Cappuccino Pulver, 1 EL Kakao

Christbaumschmuck

ZUBEREITUNG

Marzipan, Zitrone mischen und mit Eiweiß verdünnen, bis die Masse dressierbar ist. Figuren auf Backpapier spritzen, evtl. mit Kirschen oder Mandeln belegen, antrocknen lassen und dann in einem heißen Ofen solange backen, bis sie oben goldig werden. Garnieren (z. B. mit Silberkügelchen).

ZUTATEN

200 g Marzipan, Zitronensaft, Eiweiß, Kirschen od. Mandeln, Silberkugeln od. ähnliches

Dattelkugeln Koreanisch

ZUBEREITUNG

Cashewkerne in den Mixtopf geben und **20 Sek./Turbo** zerkleinern, umfüllen. Wasser in den Mixtopf füllen. Datteln in den Varoma® geben und **20 Min./Varoma® /Stufe 1** garen. Anschließend abkühlen lassen und den Mixtopf leeren. Alles, außer Wasser in den Mixtopf geben und **30 Sek./Stufe 2-3** zerkleinern und nochmals **30 Sek./Stufe 2-3** mit Hilfe des Spatels gut vermischen und umfüllen. Von der Masse kleine Kugeln formen. Nach Geschmack kann man die Kugeln in zerkleinerten Cashewkernen oder Schokolade wälzen.

ZUTATEN

100 g Cashewkerne, ½ l Wasser, 400 g frische und entsteinte Datteln, ca. 1 TL Zimt

Dattelhäufchen

ZUBEREITUNG

Datteln und Walnüsse klein schneiden. Zucker **1 Min./Turbo** mahlen, umfüllen. Eiweiß mit dem Schmetterling **3 Min./50 °C/Stufe 3** zu festem Schnee schlagen, nochmals auf **Stufe 3** einschalten und langsam den Zucker und abgeriebene Schale von 1 Zitrone zugeben. Eischnee mit Datteln und Nüssen vermengen (**Mixtopf 31 kurz LL/Stufe 1**) Häufchen auf ein Backblech (oder Oblaten) setzen und bei 160 °C backen, bis sie Farbe annehmen.

ZUTATEN

400 g Dattel, 250 g Walnüsse, 250 g Zucker, 3 Eiweiß, 1 Zitrone

Dinkelvanillekipferl

ZUBEREITUNG

Mandeln auf **Turbo** mahlen und umfüllen. Dinkel auf **Turbo** mahlen, Dinkelmehl, Butter, braunen Zucker, Vanillezucker, Mandeln wieder zu den anderen Zutaten geben und ca. **15-20 Sek./Stufe 5** zu einem Teil mischen. 1 Std. in den Kühlschrank stellen und danach kleine Kipferl formen und bei 175 °C (Umluft) ca. 8-10 Minuten backen. Die Kipferl auf dem Blech auskühlen lassen. Aus dem Puderzucker und 1 P. Vanillezucker ein Gemisch herstellen und die Kipferl damit bestäuben. In einer Dose halten Sie bis zu 6 Wochen.

ZUTATEN

110 g Mandeln, 125 g Dinkel, 150 g Dinkelmehl, 210 g Butter, 80 g brauner Zucker, 2 P. Vanillezucker, 100 g Puderzucker (vorher auf Turbo)

Dominosteine „Variante"

ZUBEREITUNG: Rührteig im Mixtopf herstellen und ihn anschließend ca. 1 cm dick auf ein gefettetes Backblech verteilen. Bei 175 °C - 200 °C backen. Auf einem mit Zucker bestreutem Küchentuch stürzen. Mit Gelee bestreichen und mit Kuvertüre überziehen. In Würfel schneiden und mit Puderzucker und Nüssen verzieren.

ZUTATEN

250 g Butter, 100 g Zucker, 2 Vanillezucker, 6 Eier, 1 Fl. Rumaroma, 1 TL Zimt, 2 Msp. Nelkenpulver, 200 g Mehl, 100 g Maizena, 40 g Kakao, 1 P. Backpulver, Gelee/Marmelade

Eierlikör – Schoko – Kuchen

ZUBEREITUNG: Eier, Zucker, Vanillezucker **50 - 60 Sek./Stufe 5** mischen. Öl, Eierlikör zugeben und ebenfalls **30 Sek./Stufe 5** rühren lassen. Mehl, Backpulver zugeben und wiederum auf **20 Sek./Stufe 5-6** untermischen. Die Hälfte des Teiges in eine gefettete Guglhupfform geben. Kakao zum Rest geben und **20 Sek./Stufe 5** verarbeiten. Mokkabohnen (75 g) auf **Stufe 1** zugeben. Auf die 1. Teighälfte geben, mit einer Gabel oder einem Löffel spiralförmig unter den hellen Teig mischen und mittlere Schiene bei ca. 175 °C Ober-/Unterhitze ca. 50-60 Min. backen.

ZUTATEN
5 Eier, 160 g Zucker, 1 P. Vanillezucker, 250 g Öl, 250 g Eierlikör, 300 g Mehl, 1 P. Backpulver, 1-2 EL Kakao
1 P. Mokkabohnen

Elisenlebkuchen

ZUBEREITUNG
200 g Haselnüsse in den Mixtopf geben, **20 Sek./Turbo** fein mahlen und umfüllen. Butter, Zucker und Eier in den Mixtopf geben und **2 Min./50 °C/Stufe 3** schaumig rühren. Lebkuchengewürz, Kakaopulver, Zitronat, Orangeat, Rosinen, gemahlene Haselnüsse und Milch dazugeben und **20 Sek./Stufe 4** mischen. Mehl und Backpulver zugeben und **1 Min./Stufe 4** mit Hilfe des Spatels zu einem Teig verarbeiten. Den Teig auf Oblaten verteilen und in den auf 200 °C in den vorgeheizten Backofen schieben (mittlere Schiene). Bei 170 °C ca. 25 – 30 Min. backen. Die Lebkuchen auskühlen lassen und evtl. mit Glasur bestreichen.

ZUTATEN
200 g Haselnüsse, 70 g Butter, 150 g Zucker, 2 Eier,
½ Beutel Lebkuchengewürz, 1 TL Kakaopulver, 100 g Zitronat,
100 g Orangeat, 100 g Rosinen, 1 ¼ MB Milch, 250 g Mehl,
1 P. Backpulver

Erdnußplätzchen

ZUBEREITUNG: Alle Zutaten außer die Erdnüsse in den Mixtopf füllen und **1 Min./Stufe 4** einen Teig herstellen. Kurz vor Schluss die Erdnüsse unterrühren lassen, auf **Stufe 2** runter schalten. Mit einem Löffel kleine Häufchen machen und auf eine Backfolie setzen. Ca. 15-20 Min. bei 175 °C backen.
Achtung!!! Häufchen nicht zu groß machen, sie laufen etwas auseinander.

ZUTATEN
75 g Butter, 100 g brauner Zucker, 100 g weißer Zucker, 1 P. Vanillezucker, 5 Tropfen Butter Vanille, 1 Ei,
140 g Mehl, 1 TL Backpulver, 200 g Erdnüsse gesalzen

Erfrischungskuchen mit Zimt

ZUBEREITUNG: Die Haferflocken **10 Sek./Stufe 5** fein hacken und umfüllen. Butter, Zucker **1 Min./Stufe 4** mischen. Eier dazugeben und **15 Sek./Stufe 5** vermischen. Nun die restlichen Zutaten zufügen und **20 Sek./Stufe 5** unterrühren. Eine Kastenform fetten und mit Backpapier auslegen, Teig einfüllen und glatt streichen. Bei 190 °C, mittlere Schiene, ca. 60 Min. backen. Die Zutaten zum Beträufeln mischen und über den heißen Kuchen verteilen.

ZUTATEN
100 g feine Haferflocken, 150 g Mehl, 180 g Butter, 200 g Zucker, 4 Eier, 1 Pr. Salz, 1 P. Vanillepudding,
2 TL Backpulver.
ZUM BETRÄUFELN: 100 g Puderzucker, Saft von 2 Apfelsinen und 1 Zitrone

Eierlikörkugeln

ZUBEREITUNG

Schokolade mit dem Palmin schmelzen lassen **2 Min./80 °C/Stufe 1-2**, Eierlikör und Kokosflocken dazugeben und ca. **20 Sek./Stufe 3** vermischen. Die Masse über Nacht in den Kühlschrank stellen bis er fest ist. Kugeln formen und in Kokosflocken wälzen.

ZUTATEN

2 Tafeln weiße Schokolade (200 g), 50 g Palmin, 125 g Kokosflocken, 1/8 l Eierlikör

Engelskuchen

ZUBEREITUNG: Eiweiß von 6 Eiern **3 Min./Stufe 6** (Schmetterling) steif schlagen. Salz, Backpulver in den Mixtopf füllen, alles schaumig rühren. Puderzucker einrieseln lassen, Wasser, Zucker, Mehl, Vanille gerieben dazugeben. Alles zusammen noch mal **30 Sek./Stufe 3** mischen. Teig in eine gefettete Form geben und bei 175 °C ca. 30 Min. backen. Stürzen nach dem Erkalten und mit Puderzucker bestäuben.

ZUTATEN

6 Eier (Eiweiß davon), ¼ TL Salz, ½ TL Backpulver, 50 g Puderzucker, 1 EL Wasser, 100 g Zucker, 90 g Mehl, 1 TL Vanille gerieben

Eierlikör – Zimt – Kuchen

ZUBEREITUNG

Eier, Puderzucker und Vanillezucker im Mixtopf **2 Min./Stufe 3** schaumig rühren. Öl und Eierlikör durch die Öffnung zugießen. Mehl, Speisestärke und Backpulver mischen, vorsichtig unterrühren. Eine Napfkuchenform ausfetten und mit Semmelbröseln ausstreuen. Teig einfüllen und im vorgeheizten Backofen bei 175 °C/Umluft 150 °C/Gas Stufe 2 etwa 50-60 Minuten backen. Für 16 Personen

ZUTATEN

5 Eier, 250 g Puderzucker, 2 TL Zimt, 2 P. Vanillezucker, ¼ l Sonnenblumenöl, ¼ l Eierlikör, 125 g Mehl, 125 g Speisestärke, 1 P. Backpulver, Fett und Semmelbrösel für die Form

Familienkekse

ZUBEREITUNG: Butter, Eier und Zucker im Mixtopf **30 Sek./Stufe 4** schaumig rühren lassen, dann alle anderen Zutaten hinzufügen **2-3 Min./Brotstufe** verkneten. Nun Kekse formen und bei 175 °C – 180 °C goldgelb backen.

ZUTATEN

700 g Mehl, 250 g Zucker, 250 g Butter, 3 Eier, 1 P. Vanillezucker, Zitronenschale

Festliche Waffeln

ZUBEREITUNG
Alle Zutaten **30-45 Sek./Stufe 4-5** verrühren und Teig im Waffeleisen goldgelb ausbacken. Ergibt ca. 9-10 Waffeln. Mit Puderzucker, Vanillesoße oder mit Kirschkompott (als Schlemmerwaffel) servieren.

ZUTATEN
100 g Margarine, 250 g Mehl, 70 g Zucker, 1 TL Vanillezucker, 1 TL Zimt, 3 Eier, 1 Pr. Salz, 150 g Schmand, 100 ml Milch

Feines Spritzgebäck

ZUBEREITUNG
Butter und Zucker/Van. Zucker schaumig rühren. (**30 Sek./Stufe 3**). Die Eier nacheinander unterrühren. Dann die Nüsse, Mehl, gemischt mit Mondamin, unterrühren. (**1 Min./Stufe 3**) 12 Stunden im Kühlschrank = Verarbeitung mit Fleischwolf . Mit Spritzbeutel kann der Teig sofort verarbeitet werden. Backen: Bei Ca. 130 °C ca. 15 Minuten.

ZUTATEN
*1 kg Mehl, 250 g Mondamin, 6 Eier, 500 g Zucker, 500 g Sanella, 250 g Butter, 4 Vanillezucker, 200 g Nüsse (**Stufe 8**) gemahlen*

Feigenmakronen

ZUBEREITUNG
Schmetterling einsetzen und nun das Eiweiß **3 Min./Stufe 4** steif schlagen. Puderzucker, Zitronensaft hinzufügen und verrühren. Mandeln unterrühren, Feigen ganz fein würfeln und mit dem Spatel unterheben. Auf Backoblaten verteilen (kann auch als ganzer Kuchen gebacken werden) und bei 150 °C 15 Min. backen.

ZUTATEN
2 Eiweiß, 100 g Puderzucker, 1 TL Zitronensaft, 100 g gem. Mandeln, 100 g Feigen, Backoblaten

Feigenkuchen

ZUBEREITUNG: Feigen sehr fein auf **Stufe 8** zerkleinern, mit Rum mischen (umfüllen) und zugedeckt quellen lassen. Eier trennen. Eigelb und Wasser **Stufe 4** schaumig rühren. Zucker einrieseln lassen und cremig schlagen. Mehl mit Backpulver, Gewürzen, Mandeln bzw. Haselnüsse dazugeben und **1 Min./Stufe 3** mischen. Eiweiß in einer Schüssel mit dem Salz zu steifem Schnee schlagen. Mit den Walnüssen mischen. Unter den Teig ziehen. Zum Schluss Feigen und Rum mit dem Teig mischen. (**Stufe 3**) Eine Kastenform mit gefettetem Pergamentpapier auslegen. Teig reinfüllen. In den vorgeheizten Ofen auf die unterste Schiene schieben. ca. 70 Min. bei 180 °C backen. Evtl. nach dem Abkühlen noch mit einer Glasur aus 200 g Puderzucker und 3 EL Rum oder Zitronensaft überziehen.

ZUTATEN
150 g getrocknete Feigen, 3 EL Rum, 2 große Eier, 2 EL heißes Wasser, 125 g Zucker, 125 g Mehl, 2 TL Backpulver, etwas Zimt und gemahlene Nelken, 1 Pr. Muskat, 125 g gemahlene Mandeln oder Haselnüsse, 1 Pr. Salz, 100 g gehackte Walnüsse, Margarine zum Einfetten
GLASUR: 200 g Puderzucker und 3 EL Rum oder Zitronensaft

Fanta Weihnachtskuchen

ZUBEREITUNG

Alles zusammen auf **Stufe 5-6** vermischen und auf/in eine gefettete Backform geben. Bei 180 °C ca. 40-50 Min. backen. Kuchen stürzen oder auf dem Blech auskühlen lassen und mit dem Puderzucker, etwas Milch und Zimt-Gemisch bestreichen!

ZUTATEN

3 Tassen Mehl, 2 Tassen Zucker, 1 P. Lebkuchengewürz, 1 Tasse Öl, 1 Tasse Fanta oder andere Limonade, 4 Eier, 1 Pr. Salz, 1 P. Vanillezucker, 1 P. Backpulver, 100 g Puderzucker, 2 TL Zimt

Florentiner Weihnachtsplätzchen

ZUBEREITUNG

Zitronat, Orangeat **8 Sek./Stufe 7** zerkleinern und umfüllen. Sahne, Butter im Mixtopf **4 Min./90 °C** erwärmen. Zucker, Vanillezucker, Salz, Zimt, Mehl, Weizengrieß dazugeben und alles bei **10 Sek./Stufe 3** mischen. Mandelblätter **10 Sek./Stufe 3** untermischen. Auf ein mit Backpapier ausgelegtes Backblech kleine Häufchen geben (Abstand nicht vergessen Masse verläuft stark). Bei 160 °C – 180 °C ca. 20 Min. backen. Abkühlen lassen und mit Kuvertüre oder Schokolade nach Geschmack bestreichen.

ZUTATEN

100 g Zitronat, 100 g Orangeat, 250 g Sahne, 100 g Butter, 120 g Zucker, 2 P. Vanillezucker, 1 Pr. Salz, 1 Pr. Zimt, 1 EL Mehl, 1 EL Weizengrieß, 350 g Mandelblätter

Früchtebrot

ZUBEREITUNG: Dörrobst auf **Stufe 5** zerkleinern und umfüllen, geschälte Äpfel und Zucker ebenfalls grob zerkleinern und mit dem Dörrobst-Saft ziehen lassen (über Nacht !). Mehl, Backpulver, Kakao, Zimt, Nelkenpulver und Lebkuchengewürz auf der **Teigstufe** vermengen und gegebenenfalls den Spatel zur Hilfe nehmen. Evtl. ganze Mandeln 75 - 100 g dazugeben. Bei 200 °C, ca. 35 – 50 Min. backen und zum Ende der Backzeit mit Alufolie abdecken.

ZUTATEN

500 g Dörrobst, 500 g geschälte Äpfel, 150 g Zucker, 320 g Mehl, 1 P. Backpulver, 2 EL Kakao, ½ TL Zimt, ½ Msp. Nelkenpulver und ¾ P. Lebkuchengewürz

Friesische Ecken

ZUBEREITUNG: Alles in den Mixtopf füllen zu einem glattem Teig verkneten. Ca. **2-3 Min./Stufe 4**. Rollen formen und mit Hilfe eines Lineals aus den Rollen Dreiecke formen. Kühl stellen. Mit 1 verquirlten Eiweiß bestreichen und in Mischung aus Vanillezucker und Hagelzucker wenden. Scheiben schneiden und auf Blech legen. Bei 175 °C (Gas: 2) 10 – 15 Min. backen.

ZUTATEN

Mark 1 Vanilleschote, 125 g Zucker, 1 Pr. Salz, 1 Ei, 120 g Margarine, 250 g Mehl, 2 EL Vanillezucker, 125 g Hagelzucker

Flecksmakronen

ZUBEREITUNG

Butter im Mixtopf schmelzen lassen (**10 Min./50 °C/Stufe 2**). Über die Flecks und Flocken gießen und gut vermischen. Die Mischung ganz kalt werden lassen. Die übrigen Zutaten im Mixtopf verrühren (**20 Sek./ Stufe 2-3**). Unter die erkaltete Mischung geben, alles zusammen nochmals gut mischen. Mit einem Teelöffel kleine Fladen auf ein Backblech geben und bei ca. 200 °C (Umluft) 10-12 Min. backen. Ergibt - je nach Größe – ca. 50 - 80 Plätzchen.

ZUTATEN

250 g Haferfleks, (gibt es z.B. von Kölln, Pop-Bällchen),
200 g kernige Haferflocken, 250 g Butter, 200 g Zucker, 1 P. Vanillezucker
oder 20 g Zucker + Vanilleschote **Stufe 5** *mischen, 50 g Mehl,*
1 TL Backpulver, 3 Eier

Feinster Schokoladenkuchen

ZUBEREITUNG

Butter, Eier und Zucker im Mixtopf **1 Min./Stufe 4** rühren lassen. Übrige Zutaten zugeben, **40 Sek./Stufe 4-5** verrühren. In einer Kastenform im vorgeheizten Backofen 50-60 Min./175 °C backen.
Anmerkung: Auch als Muffinteig verwendbar

ZUTATEN

125 g Butter, 3 Eier, 200 g Zucker, 1 P. Vanillezucker, 1 Pr. Salz,
2 EL Kakao, 250 g Mehl, 2 TL Backpulver, 120 g flüssige Sahne

Geleeringe

ZUBEREITUNG: Haselnüsse in den Mixtopf geben und **3 Sek./Stufe 7-8** zerkleinern. Restliche Zutaten zufügen und alles **2 Min./Brotstufe** verkneten. 2 Std. im Kühlschrank ruhen lasen. Wenig Mehl auf die Backunterlage sieben, den Teig dünn ausrollen und runde Plätzchen ausstechen. Die Hälfte davon zusätzlich in der Mitte mit dem Wichtel zu Ringen ausstechen. Auf dem gefetteten Backblech ca. 10 Min. bei 200 °C backen. Die erkalteten Plätzchen mit Johannisbeer- oder Himbeergelee bestreichen und auf jedes einen mit Zitronenglasur überzogenen Ring setzen.

ZUTATEN

150 g Haselnüsse, 150 g Mehl, 75 g Zucker, 1 EL Vanillezucker, 150 g kalte Butter, 1 Ei, Johannisbeer- oder
Himbeergelee, Zitronenglasur

Gemischte Kekse

ZUBEREITUNG

Alles in den Mixtopf füllen und **2 Min./Brotstufe** zu einem Teig verarbeiten. Teig halbieren (eine Hälfte umfüllen) unter die eine Hälfte mit Zitronenschale und Vanillezucker mischen **20 Sek./Stufe 4**. Umfüllen. Nun die andere Hälfte mit Orangenschale und Kakao mischen **20 Sek./Stufe 4** in der Gebäckpresse: hellen Teig zu einem Rechteck formen und den dunklen Teig zu einem Strang darin einschlagen und so durch die Presse drücken. Kekse bei ca. 180 °C 15 Min. backen

ZUTATEN

200 g Butter, 100 g Zucker, 1 Eigelb, 300 g Mehl, Schale von 2 Zitronen oder 1 Orange, 2 P. Vanillezucker, 30 g Kakao

Glühweinhappen

ZUBEREITUNG: Fett und Zucker **10 Sek./Stufe 3** schaumig rühren. Nun die restlichen Zutaten zugeben und **3 Min./Stufe 4** mischen. Teig auf ein tiefes gefettetes Blech streichen.
Backen: E-Herd 180 °C/, HL-Herd 160 °C; ca. 20 Minuten backen. Abkühlen lassen. Für die Glasur Puderzucker mit Glühwein glatt rühren und gleichmäßig auf der Teigplatte verteilen. Fest werden lassen und in Stücke schneiden (3 x 3 cm). Ca. 80 Stück

ZUTATEN

TEIG: 250 g Butter oder Margarine, 250 g Feinster Zucker, 5 Eier (Größe M), 1 Pr. Salz, 300 g Mehl, 1 P. Backpulver, 1 EL Kakao, 1/8 l Glühwein, 100 g Raspelschokolade Zartbitter, Fett für das Blech
GUSS: 250 g Puderzucker, 5 EL Glühwein

Glühweinschnitten

ZUBEREITUNG

Die Schokolade grob zerkleinert in den Mixtopf geben und ca. **5 Sek./Turbo** zerkleinern und umfüllen. Butter, Zucker, Vanillezucker in den Mixtopf geben und **10 Sek./Stufe 4** verrühren. Restliche Teigzutaten zufügen und **40 Sek./Stufe 4** mit Hilfe des Spatels zu einem Teig verarbeiten. Teig in eine gefettete Fettpfanne (ca. 39x36 cm) geben, glatt streichen und backen. Nach dem Abkühlen in Schnitten schneiden.
Backzeit: ca. 20 Min. bei 180 °C. Zucker in den Mixtopf füllen und **20 Sek./Stufe Turbo** pulverisieren. Glühwein hinzufügen und ca. **20 Sek./Stufe 4** vermischen. Guss auf die Glühweinschnitten streichen und mit den in der Pfanne angerösteten Mandelblättern bestreuen.
Tipp: Wer keinen Zuckerguss mag, kann auch nach dem Backen einfach Kuvertüre über dem Kuchen verteilen (sehr dünn und gitterartig). Dann erst in Schnitten schneiden

ZUTATEN

RÜHRTEIG: 150 g Schokolade (Kuvertüre), 250 g weiche Butter in Stücken, 150 g Zucker, 1 P. Vanillezuckcr, 4 Eier, 250 g Mehl, 1 P. Backpulver, 120 g Glühwein
GUSS: 250 g Zucker, 50 g Glühwein, 100 g Mandelblätter

Gold Taler

ZUBEREITUNG
Zucker in den Mixtopf geben und **20 Sek./Turbo** zu Puderzucker verarbeiten, umfüllen. Aprikosen in den Mixtopf geben und **5 Sek./Stufe 6** zerkleinern. Kokosraspeln zugeben und **10 Sek./Stufe 6** vermischen. Puderzucker und Zitronensaft zugeben **20 Sek./Stufe 6** zu einem Teig verarbeiten. Aus dem Teig eine 4 cm dicke Rolle formen und davon ½ cm dicke Taler schneiden und in den Kokosraspeln wälzen. Die Taler zwischen Pergamentpapier in eine Dose legen und mindestens 2 Tage trocknen lassen. Bronzetaler erhalten sie, wenn sie anstelle von Aprikosen, getrocknete Pflaumen nehmen!

ZUTATEN
200 g Zucker, 200 g getrocknete Aprikosen, 200 g Kokosraspeln, ½ MB Zitronensaft, 70 g Kokosraspeln

Gefüllte Schokoneros

ZUBEREITUNG
Zucker zu Puderzucker verarbeiten, Butter, Salz, Ei dazugeben und **1 Min./Stufe 4** schaumig rühren. Mehl und Kakao dazugeben und **20-30 Sek./Stufe 6** unterrühren. Mit dem Spritzbeutel auf Backpapier in ausreichendem Abstand kleine Kreise spritzen (etwa 50 Stück) und bei Umluft 180 °C ca. 10 Min. backen. Immer 2 ausgekühlte Plätzchen mit Dekorcreme aus der Tube (Lindt) zusammensetzen und kurz kalt stellen, dass die Creme fest wird. Couvertüre Zimt- Koriander, auch von Lindt, im Wasserbad schmelzen und die gefüllten Neros darin zur Hälfte eintauchen.

ZUTATEN
70 g Zucker, 120 g Butter, 1 Pr. Salz, 1 Ei, 100 g Mehl, 1 EL Kakao

Gewürzkuchen mit Semmelbrösel

ZUBEREITUNG: Margarine, Zucker, Eier, Vanillezucker, etwas Zitroback - **1 Min./Stufe 4** verrühren. Semmelbrösel, Mehl, Kakao, Lebkuchengewürz, Backpulver, Milch dazugeben und **20 Sek./Stufe 6** verrühren, mit Spatel nachhelfen. In eine gefettete Gugelhupfform füllen, bei 180 °C ca. 45 Min. backen. Nach dem Erkalten quer durchschneiden und den unteren Teil mit aufgelöster Nougatmasse bestreichen, oberen Teil wieder draufsetzen und den ganzen Kuchen auch mit Nougat bestreichen. Schmeckt köstlich!

ZUTATEN
250 g Margarine, 375 g Zucker, 5 Eier, 2 P. Vanillezucker, etwas Zitroback, 300 g Semmelbrösel, 2 EL Mehl, 2 EL Kakao, 2 P. Lebkuchengewürz, 1 P. Backpulver, 200 ml Milch

Gewürzkuchen

ZUBEREITUNG: Alles zusammen ca. **2 Min /Stufe 4** verrühren (Schmetterling) bei 180 °C ca. 50 Min. backen danach mit Schokoladenguss überziehen.

ZUTATEN
125 g gemahlene Haselnüsse, 125 g geriebene Blockschokolade oder Kuvertüre (**1 Min./Stufe 10**), 5 Eier, 125 g Margarine, 300 g Zucker, 1 TL Zimt, 1 TL Nelken, ½ MB Milch, 125 g Mehl, 1 P. Backpulver, 1 Pr. Salz

Gewürz-Muffins

ZUBEREITUNG: Die Zutaten von Ei bis Milch in den Mixtopf geben und ca. **30 Sek./Stufe 5** vermischen. Das Mehl mit Backpulver, Natron und den Gewürzen vermischen und in den Mixtopf geben - mit Hilfe des Spatels ca. **15 - 20 Sek./Stufe 2-3** untermischen. In die gefettete Muffinform geben und 20 - 25 Min. bei 200 °C backen. Noch leicht warm mit frischer Schlagsahne servieren.

ZUTATEN

1 Ei, 100 g weiche Butter oder Margarine, 60 g Rohrzucker, 2 EL dunkler Zuckerrübensirup, 2 EL Orangeat, 1 TL frisch geriebenen Ingwer, 250 ml Milch, 250 g Mehl, 1 ½ TL Backpulver, ½ TL Natron, 1 Pr. Salz, 2 TL gem. Zimt, 1 TL gem. Ingwer, 1 TL gem. Nelken, 1 TL gem. Kardamom

Glühwein-Muffins

ZUBEREITUNG

Für den Teig das Mehl mit Backpulver, Salz und den Gewürzen **Stufe 4** vermischen. Die übrigen Zutaten von Ei bis Glühwein in den Mixtopf geben und **30 Sek./Stufe 5** vermischen, Mehlgewürzgemisch zugeben und ca. **20 Sek./Stufe 2** mit Hilfe des Spatels unterrühren, in die gefettete Muffinform geben. Ca. 20 - 25 Min. bei 200 °C ausbacken, bis sie schön aufgegangen und goldbraun sind. Für den Guss Puderzucker mit Glühwein glatt rühren und auf die Muffins streichen, mit Borkenschokolade verzieren.

ZUTATEN

TEIG: 250 g Mehl, 2 TL Backpulver, 1 Pr. Salz, ½ TL gem. Zimt, ½ TL gem. Kardamom, 1 Pr. gem. Muskat, 1 Ei, 80 ml Öl, 80 g Zucker, 1 P. Vanillezucker, 50 ml Milch , 200 ml kalter Glühwein
GUSS: 125 g Puderzucker (im Mixtopf hergestellt!), 2-3 EL kalter Glühwein, 3 EL Borkenschokolade

www.*Landhaus-Team*.de

Gewürzstangen

ZUBEREITUNG

Alles in den Mixtopf geben und einen Rührteig **3-4 Min./Stufe 4**. In Spritzbeutel füllen und Stangen auf Blech spritzen. Bei 180 °C (Gas: 2-3) 10 – 15 Min. backen. Dunkle Kuvertüre zerlassen und jeweils ein Ende der Stangen hinein tauchen.

ZUTATEN

120 g Margarine, 1 P. Vanillezucker, 120 g Zucker, 1 Pr. Salz, 2 Eier, 100 g Stärkemehl, 150 g Mehl, 100 g gemahlene Haselnüsse, ½ TL Zimt, ½ TL Kardamom, 1 Msp. Nelken

Großmutters Printen

ZUBEREITUNG: Honig, Butter und Zucker im Topf erwärmen, **2 Min/50 °C/Stufe 3**, abkühlen lassen. Mehl und Gewürze in den Mixtopf geben. Zitronat zufügen und mit dem Honig-Butter-Gemisch verrühren (**1 Min./Stufe 4**). Pottasche mit wenig Wasser auflösen und unter den Teig kneten. Nochmals **30 Sek./Stufe 4**. Den Teig zwei Stunden kalt stellen. Den Teig auf der mit Kandiszucker bestreuten Arbeitsfläche ausrollen, in Streifen von 8 cm Länge und 3 cm Breite schneiden. Diese auf ein mit Backpapier ausgelegtes Backblech setzen. Die Teigstücke dünn mit kaltem Wasser bestreichen. Im vorgeheizten Backofen, zweite Schiene von unten, bei 180°C etwa 15 bis 18 Minuten backen.

ZUTATEN

250 g Honig, 65 g Butter, 65 g braunen Zucker, 375 g Mehl, ½ TL Nelkenpulver, ½ TL Korianderpulver, ½ TL Kardamompulver, 1 TL Zimt, 50 g gehacktes Zitronat, 7 g Pottasche, Wasser, braunen Kandiszucker (im Mixtopf zerkleinert)

Husarenkekse

ZUBEREITUNG

Alle Zutaten in den Mixtopf füllen und **2 Min./Brotstufe** verkneten. Teig ausrollen und Ringe ausstechen, in der Mitte vom „Loch" die Marmelade einfüllen und bei 175 °C ca. 15 Min. backen.

ZUTATEN

140 g Butter, 70 g Zucker, 2 Eigelb, 210 g Mehl, Zitronenschale, Marmelade zum Füllen

Hagel-Plätzchen

ZUBEREITUNG: Alles in den Mixtopf **20 Sek./Stufe 4** verrühren. Alles zu einer Kugel formen und 1 Tag lang in den Kühlschrank stellen. Herausnehmen und ausrollen. Dann Monde oder Kreise ausstechen. Eigelb mit etwas Wasser mischen und die Plätzchen damit bepinseln und mit Hagelzucker bestreuen. 10-15 Min. bei 140 °C backen.

ZUTATEN

500 g Mehl, 500 g Margarine, 1 Becher saure Sahne, 1 Eigelb, Hagelzucker zum Bestreuen

Hefeplätzchen

ZUBEREITUNG

Hefe und Zucker in eine kl. Tupperschüssel geben, dabei die Hefe etwas zerbröseln, verschließen und schütteln. Mit Margarine und Mehl zu einem Teig verarbeiten, **2 Min./Brotteigstufe** mit dem Spatel etwas mithelfen! Den Teig ca. 2 Std. kühl stellen. Vom Teig kleine Portionen mit bemehlten Händen abnehmen, zu Kugeln formen und zwischen den Handflächen flach drücken und so auf das Blech geben (ergibt „Taler" mit ca. 3 cm Durchmesser/3-4 mm dick). Bei 180 °C Heißluft 12 Min. backen. Die Plätzchen sollen gleichmäßig goldgelb sein. Dann das Blech aus dem Ofen nehmen und für ca. 3 Min. stehen lassen. In der Zwischenzeit auf einem flachen Teller Zimt/Zuckergemisch anrichten und die Plätzchen mit Hilfe eines Messers einzeln in den Zucker legen und wenden. Ergibt ca. 75 Stück

ZUTATEN

400 g Mehl, 300 g Margarine, 20 g frische Hefe, 2 EL Zucker

Hausfreunde

ZUBEREITUNG: Zucker, Eier im Mixtopf schaumig rühren **30 Sek./Stufe 3**, Mandeln oder Nüsse (**30 Sek./Turbo**) Rosinen, gehackte Schokolade hinzufügen, Mehl, Backpulver, Rum-Aroma unterrühren. Nochmals **1 Min./Stufe 5**. Den Teig etwa 1 ½ cm dick auf ein gefettetes Backblech streichen und 15 Min. bei 200 °C backen. Danach sofort mit Schokoladenguss bestreichen und in kleine Quadrate schneiden.

ZUTATEN

125 g Zucker, 2 Eier, 125 g gehackte Mandeln oder Nüsse, 125 g Rosinen, 150 g gehackte Schokolade, 125 g Mehl, ½ TL Backpulver, 1 Rum-Aroma

Haferflockenplätzchen

ZUBEREITUNG: Butter, Zucker, Eier im Mixtopf schaumig schlagen, (**1 Min./Stufe 3**) Rest kurz unterrühren. Teig in 5 Portionen teilen (nach Belieben) 1. Portion: 2 P. Vanillezucker unterrühren, mit 2 Teelöffeln kleine Häufchen aufs Backblech setzen (gefettet oder mit Backpapier ausgelegt) und flach drücken (gilt für alle Sorten!). 1 P. Vanillezucker mit grobem Zucker vermischen und die Plätzchen damit bestreuen. 2. Portion: 1 TL Zimt und 2 EL grober Zucker vermischen, die Hälfte unter den Teig kneten, den Rest auf die Plätzchen streuen (**30 Sek./Stufe 3**) 3. Portion: 1 EL Kakao und 1 EL Rum verrühren und zum Teig geben. Die Plätzchen mit 1 - 2 EL grobem Zucker bestreuen (**1 Min./Stufe 3**). 4. Portion: Plätzchen auf das Backblech setzen und mit kleinen Schokoladenstücken (Bitterschokolade) belegen. 5. Portion: 1-2 EL Rosinen oder in Rum eingelegte Rosinen in den Teig kneten (**30 Sek./Stufe 3**). Backzeit für alle Plätzchensorten: 12 - 15 Min. bei 200 °C mittlere Einschubleiste.

ZUTATEN

250 g Butter, 300 g Zucker, 2 Eier Größe M, 125 g Mehl Type 405, 250 g Haferflocken, blütenzart, 1 P. Backpulver

Hutzelbrot

ZUBEREITUNG

Das Obst in kleine Würfel schneiden (od. im Mixtopf **Stufe 4** zerkleinern) und über Nacht im Rum ziehen lassen. Eier mit Zucker **2 Min./Stufe 4** rühren. Alle anderen Zutaten hinzufügen und nochmals **1 Min./Stufe 3** verrühren. Teig in eine Kastenform füllen und bei 160 °C ca. 50-60 Min. backen.

ZUTATEN

250 g Dörrobst, 3 EL Rum, 2 Eier, 130 g Zucker,
30 g gehackte Haselnüsse, 30 g gehackte Mandeln,
30 g gewürfeltes Zitronat, 50 g Rosinen, 1 TL Zimt, 130 g Mehl,
1 P. Backpulver

Haferfleckse

ZUBEREITUNG: Kuvertüre auflösen **1 Min./50 °C/Stufe 2**. Honig und Sahne dazugeben. (**30 – 40 Sek./ Stufe 3**) Die Haferfleckse in Papiermanschetten auskühlen lassen. Ca. 100 Stück

ZUTATEN

100 g Vollmilchkuvertüre, 100 g Bitterkuvertüre, 60 g Honig, 60 g Sahne, 250 g Haferfleckse

Honig-Kuchen

ZUBEREITUNG

Honig, Zucker, Schmand, Eier. Alles gut im Mixtopf verrühren, **Stufe 4**. Mehl, Backpulver, Lebkuchengewürz hinzugeben und **Stufe 3** weiter rühren. Nach Belieben kann man noch folgendes dazu geben: Orangeat, Zitronat, Rosinen, gehackte Mandeln. Backblech mit Butter bestreichen mit Mehl leicht bestäuben den Teig aufstreichen und bei 170 °C 45 Min backen. Fertig in Stücke schneiden und die Ecken in flüssige Schokolade tauchen.

ZUTATEN

1 Tasse Honig, ½ Tasse Zucker, 1 Tasse Schmand, 5 Eier, 3 Tassen Mehl,
1 P. Backpulver, 1 TL Lebkuchengewürz

Haferflocken Makronen

ZUBEREITUNG

Die Butter, den Zucker und das Ei mit dem Schmetterling cremig rühren und danach Vanillezucker und Zimt dazugeben. Anschließend das Mehl und das Backpulver dazugeben. Alles im Mixtopf **3 Min./Stufe 5** zu einer Masse verrühren. Die Haferflocken, Schokotröpfchen und Walnusskerne nacheinander in die Öffnung fallen lassen. Pro Makrone gibt man zwei Teelöffel der Masse auf das mit Backpapier ausgelegte Blech. Im vorgeheizten Ofen auf der mittleren Schiene bei 175 °C ca. 10 bis 15 Minuten backen.

ZUTATEN

170 g Butter, 200 g Mehl, 100 g Zucker, 140 g Haferflocken,
100 g brauner Zucker, 75 g gehackte Walnusskerne, 1 Ei,
50 g Schokotröpfchen, 1 TL Vanillezucker, 1 TL Backpulver

Weihnachtliches Backen

Himmelsbrote

ZUBEREITUNG

Rühreinsatz einsetzen! Eiweiß steif schlagen. Dabei Zucker und Vanillezucker einrieseln lassen. Backofen auf 150 °C vorheizen. Die Marzipanrohmasse mit einer Gabel zerkrümeln, mit den Mandeln und dem Zimtpulver mischen und die Mischung unter den Eischnee ziehen. (**1 Min./Stufe 3**). Ein Backblech mit Backpapier belegen. Den Teig in einen Spritzbeutel mit großer, glatter Tülle füllen und 10 cm lange Streifen auf das Blech spritzen. Die Plätzchen 25 Minuten backen. Die Himmelsbrote vorsichtig vom Backpapier lösen und auf einem Kuchengitter kurz abkühlen lassen. Die Zartbitterkuvertüre im Wasserbad schmelzen und die Himmelsbrote jeweils mit den Enden hinein tauchen. Auf Pergamentpapier trocknen lassen.

ZUTATEN

4 Eiweiß, 1 P. Vanillezucker, 150 g Marzipanrohmasse, 300 g Nüsse, 1 TL Zimt, Kuchenglasur Schoko

Ingwer-Streusel-Würfel

ZUBEREITUNG: Den kandierten Ingwer kurz im Mixtopf klein hacken und umfüllen. Butter, Zucker, Ingwerpulver, Zitronenschale und Salz in den Mixtopf geben und **20 Sek./Stufe 3** mischen. Mehl hinzufügen und alles nochmals **1 Min./Stufe 3** vermischen. Die Hälfte des Teiges 35 x 25 cm groß auf ein mit Backpapier ausgelegtes Blech streichen. Gelee nun auf dem Teig verteilen. Den gehackten Ingwer, die Mandeln unter den übrigen Teig mischen. Teig zu Streusel verarbeiten und über das Gelee streuen und andrücken. Im vorgeh. Backofen bei 200 °C auf mittlerer Schiene 18 – 20 Min. backen (Umluft ca. 180 °C). Abkühlen lassen und in 3x3 cm große Würfel schneiden.

ZUTATEN

400 g erwärmte Butter, 200 g Zucker, 2 TL Ingwer, abger. Schale 1 Zitrone, 1 Pr. Salz, 500 g Mehl, 200 g Zitronengelee od. Quittengelee, 50 g kandierten Ingwer, 80 g Mandelblättchen

Joghurt Zimt Kuchen

ZUBEREITUNG

Schmetterling einsetzen! Eier, Öl, Joghurt Zucker und Salz in den Mixtopf geben und kurz **20 Sek./Stufe 4** verrühren. Anschließend den Teig mit dem Rühreinsatz ca. **5 Min./Stufe 3** glatt rühren. Danach den Schmetterling entfernen. Mehl und Backpulver zügig darunter mixen (**6-8mal** auf **Stufe 5** hoch schalten) Den Teig in eine Kastenform füllen (am besten mit Backpapier auslegen). Und bei 175 °C ca. 60 Min. backen.

ZUTATEN

200 g Joghurt, 240 g Zucker, 4 EL Zimt, 240 g Mehl, 1 Pr. Salz 150 ml Sonnenblumenöl, 3 Eier, 1 P. Backpulver, 1 P. Vanillezucker,

Jogi's - Muffins

ZUBEREITUNG LOWFAT: Erdbeer-Joghurt-Schokostäbchen im Mixtopf **3-4 mal** kurz auf **Stufe 5** drehen bis sie klein gehackt sind und umfüllen. Ei, Zucker, Öl, Joghurt in den Mixtopf geben und **20 Sek./Stufe 6** vermischen. Nun Mehl, Backpulver und Natron dazugeben und **10 Sek./Stufe 3** unterrühren. Dann die Schokostückchen wieder dazugeben und nochmals für **10 Sek./Stufe 2 - 3** verrühren. In die Muffinförmchen geben (bei mir wurden es 17 Stück). Bei ca. 180 °C 15 - 20 Min. backen.
Tipp: Man kann auch andere Schokosorten wie Ü-Ei Schokolade verwenden.

ZUTATEN

1 Tafel Erdbeer - Joghurt-Schokolade, 1 Ei, 120 g Zucker, 80 g Öl, 300 g Joghurt Natur oder Erdbeerjoghurt, 280 g Mehl, 1 P. Backpulver, ½ TL Natron

Kissinger Brötchen

ZUBEREITUNG

Alle Zutaten in den Mixtopf geben und **2 Min./Stufe 4** verkneten. Kühl stellen. Teig ca. 3 mm dick ausrollen und mit dem Plätzchen-Puzzle Herzen ausstechen und auf das gefettete Backblech setzen. Ca. 10 Min. bei 200 °C backen. Erkaltet mit erwärmter Aprikosenkonfitüre oder Johannisbeergelee bestreichen und je 2 Herzen zusammensetzen. Rand mit Schokoladenguss bestreichen und in gemahlenen Haselnüssen wenden, oben mit Guß bestreichen und je eine Wallnusshälfte darauf setzen.

ZUTATEN

300 g Mehl, 2 TL Backpulver, 300 g gemahlene Haselnüsse, 300 g Zucker, 1 Pr. Salz, 1 TL Zimt, 2 Eier, 200 g Butter, Aprikosenkonfitüre oder Johannisbeergelee, Schokoladenguss, Walnusshälften

Kokosmakronen

ZUBEREITUNG

Backofen auf 175 °C vorheizen! Die Zwieback in den Mixtopf füllen und **45 Sek./Stufe 4-5** zerkleinern (Spatel). Nun in eine Schüssel umfüllen. Mixtopf spülen. Muss fettfrei sein. (Nach Spülung ein Geschirrhandtuch in den Topf legen. Deckel schließen und nun kurz **Stufe 3** drehen lassen. So trocknet er vollständig ab ohne Rückstände).
Rühraufsatz einsetzen! Eiweiß und Zitronensaft in den Mixtopf geben und **3 Min./Stufe 4** steif schlagen. Nun Zucker dazugeben und so lange auf **Stufe 4** mixen, bis der Zucker komplett untergemischt ist. Masse sollte glasig aussehen. Eischnee zur Zwiebackmischung geben und vorsichtig mit dem Spatel unterheben. Den Makronenteig nun 30 Min. ruhen lassen. Anschließend mit 2 Teelöffeln kleine Häufchen auf ein mit Backpapier ausgelegtes Blech geben. Nun die Makronen auf der mittleren Schiene bei 175 °C ca. 15- 20 Min. backen. Auf einem Rost abkühlen lassen. Die ausgekühlten Makronen in einer Tupperdose aufbewahren.

ZUTATEN

200 g Kokoszwieback, 4 Eiweiß, ½ TL Zitronensaft, 200 g Zucker

Käsegebäck ohne Käse

ZUBEREITUNG: Alle Zutaten in den Mixtopf füllen und **2 Min./Brotstufe** verkneten. Plätzchen herstellen und diese dann bei ca. 175 °C ca. 15 – 20 Min. backen. (Plätzchen sehen aus wie Käsecraker)

ZUTATEN

300 g Mehl, 400 g Quark, 80 g Butter, 125 g Puderzucker, 3 Eigelb, Saft einer ½ Zitrone

Kakaoringe

ZUBEREITUNG

Haselnüsse im Mixtopf **Stufe 6** oder **Turbo** zerkleinern. Wie man mag. Feiner oder grober! Alle anderen Zutaten dazugeben und **2 Min./Brotstufe** verkneten. Plätzchen herstellen und diese dann bei ca. 175 °C ca. 15 – 20 Min. backen.

ZUTATEN

60 g fein geriebene Haselnüsse (Mixtopf Stufe 6 oder Turbo zerkleinern), 170 g Butter, 2 Eigelb, 120 g Zucker, 250 g Mehl, 35 g Kakao, 1 P. Vanillezucker

Karamellisierte Gewürz-Nüsse

ZUBEREITUNG

Nüsse in einer Pfanne ohne Fett anrösten und herausnehmen. Puderzucker mit Gewürzen mischen und in den Mixtopf füllen. Nun **2-3 Min./80 °C** schmelzen (Sichtkontakt). Der Karamell darf nicht zu dunkel werden. Die Nüsse zugeben und **5 Min./LL/Stufe 1-2** umrühren und karamellisieren lassen: Sie sollen vom Karamell umschlossen sein. Umfüllen und etwas abkühlen lassen. Nüsse auf Alufolie geben und mit zwei Gabeln auseinander reißen. Kalt werden lassen. Sofort essen – dann schmecken sie am besten – oder kühl und trocken aufbewahren.

ZUTATEN

250 g gemischte Nüsse und Mandeln, 200 g Puderzucker, je 1 TL Zimt und Chilipulver, je ½ TL gemahlener Kreuzkümmel (Kumin) und Ingwerpulver

Kakao-Lebkuchen mit Nuss

ZUBEREITUNG: Eier, Zucker, Öl, Sprite **20 Sek./Stufe 5** verrühren. „Ganze" Nüsse in die Masse dazu geben und **1 Min./Turbo** zerkleinern. Kakao Lebkuchengewürz, Mehl, Backpulver dazugeben und **30 Sek./Stufe 5** (evtl. mit Spatel) verrühren. 175 °C 50 Minuten in einer gefetteten Gugelhupfform backen. 10 Minuten in der Form auskühlen lassen und dann auf eine Form stürzen und mit Schokoladenglasur überziehen.

ZUTATEN

5 Eier, 180 g Zucker, 100 ml Öl, 100 ml Sprite (oder Fanta, Cola etc.), 200 g „Ganze" Nüsse, 100 g Kakaopulver, 1 TL Lebkuchengewürz, 200 g Mehl, 1 P. Backpulver Schokoladenglasur

Weihnachtliches Backen

Karotten - Kuchen

ZUBEREITUNG

Die Nüsse ca. **20 Sek./Turbo** zerkleinern, umfüllen und zur Seite stellen. Danach die Karotten ca. **20 Sek./Stufe 3-4**, mit Hilfe des Spatels zerkleinern, zu den Nüssen geben; Topf spülen. Eier, Zucker, Vanillezucker ca. **1 Min./Stufe 8** rühren. Maizena und Backpulver zugeben und weiter **30 Sek./Stufe 4-5** rühren. Bei **Stufe 4-5** die Nüsse und Karotten unterrühren (das geht gerade so im Topf). In der Springform mit Backpapier oder einfetten ca. 1 Stunde bei 180 °C backen. Danach mit Zuckerglasur und Dekorkarotten verzieren. Geht auch als Muffin Rezept, ergibt ca. 24 Stück.

ZUTATEN

8 Eier, 400 g Zucker, 1 P. Vanillezucker, 500 g Karotten,
100 g Speisestärke, 1 TL Backpulver, 500 g Haselnüsse

Kakaoplätzchen

ZUBEREITUNG

Alles zu einem Teig im Mixtopf **2 Min./Brotstufe** mischen und vor dem Backen mit Eiweiß bestreichen. Backzeit und Temperatur 180 °C ca. 12-15 Min. backen.

ZUTATEN

200 g Mehl, 160 g Butter, 70 g Puderzucker, 2 EL Kakao

Kaffeetorte

ZUBEREITUNG

Eier, Zucker, Vanillezucker **3 Min./Stufe 6** im Mixtopf mit dem **Schmetterling** schaumig schlagen. Anschließend Kaffeepulver, gem. Nüsse, Mehl, Backpulver auf **Stufe 2** unterheben. Diesen Teig in einer Springform bei 175 °C 45 Min. backen, auskühlen lassen. Dann den Boden längs halbieren, dass 2 Böden entstehen. Mit dem Schmetterling 2-3 Becher Sahne schlagen, den Kuchen damit füllen und bestreichen. Zum Verzieren Mokkabohnen draufgeben.

ZUTATEN

6 Eier, 300 g Zucker, 1 P. Vanillezucker, 25 g gem. Kaffeepulver,
200 g gemahlene Nüsse (Mixtopf Stufe 10), 4 EL Mehl, ½ P. Backpulver,
2-3 Becher Sahne, Mokkabohnen aus Schokolade

Kokos-Bäumchen

ZUBEREITUNG: Butter ca. 15 Minuten vor Verarbeitung aus dem Kühlschrank nehmen. Alle Zutaten in den Mixtopf geben und mit Hilfe des Spatels **2 Min./Brotstufe** einen Teig herstellen. Teig ca. 1 Stunde in den Kühlschrank stellen. Nun auf bemehlter Arbeitsfläche dünn ausrollen und Sterne in zwei verschiedenen Größen ausstechen. Backofen auf 170°C vorheizen, die Sterne auf ein mit Backpapier ausgelegtes Blech legen, große Sterne benötigen etwa 8 - 10 Min, kleine Sterne ca. 4- 5 Min. Die Sterne nach Belieben mit Marmelade zusammensetzen, und mit Schokoglasur und Kokosflocken oder einfach nur mit Puderzucker verzieren.

ZUTATEN

220 g Mehl, ½ P. Backpulver, 100 g Kokosflocken, 70 g Zucker, 1 P. Vanillezucker, 1 Ei, 150 g Butter
ZUM BESTREICHEN: 4 - 5 EL passierte Marmelade
ZUM VERZIEREN: Schokoladenglasur, Puderzucker, Kokosflocken

Kaneelkranz

ZUBEREITUNG

Hefeteig: Mehl, Hefe, Zucker, Salz, Milch in den Mixtopf geben und **3 Min./Brotstufe** einen Teig herstellen und diesen 30 Min. gehen lassen. Hefeteig auf bemehlter Fläche dünn rund ausrollen. Mit weicher Butter bestreichen, Rosinen und Korinthen mit Wasser **Stufe 1/90 °C/3 Min.** aufkochen und gut abtropfen lassen. Zucker, Zimt und Vanillezucker vermischen und dünn über die Butter streuen. Rosinen und Korinthen darüber geben. Den Teig zusammenrollen, auf einem Backblech mit Backpapier zum Kranz legen. Milch und Ei verquirlen und den Kranz einpinseln. Mit einer Gabel einstechen. Bei 180 - 200 °C ca. 20 Minuten backen.

ZUTATEN

HEFETEIG: 500 g Mehl, 30 g Hefe, 80 g Zucker, 1 TL Salz, ¼ l Milch
FÜLLUNG: weiche Butter zum Bestreichen, 100 g Rosinen,
100 g Korinthen, 1 - 2 EL Zucker, 1 - 2 TL Zimt, 1 P. Vanillezucker,
etwas Milch, 1 Ei

Kokosfruchtkugeln

ZUBEREITUNG

Bananenscheiben, Kürbiskerne und Mandeln im Mixtopf auf **Turbo** fein mahlen. Trockenfrüchte (ohne Kerne) Zitronensaft und Honig zugeben und alles auf **Stufe 6** gut zerkleinern und mischen. Aus dieser Masse Kugeln drehen und in den Kokosflocken oder geriebenen Mandeln wälzen. Trocknen lassen.

ZUTATEN

100 g getrocknete Bananenscheiben, 100 g grüne Kürbiskerne,
60 g Mandeln, 250 g gemischte Trockenfrüchte, z.B. Rosinen, Aprikosen,
Datteln, Pflaumen (ungeschwefelt), 1 EL flüssiger Honig (Akazienhonig),
Saft einer Zitrone, Kokosflocken oder geriebene Mandeln zum Wälzen

Knusprige Lebkuchen zum Ausstechen

ZUBEREITUNG

Alle Zutaten in den Mixtopf füllen und **2 Min./Brotstufe** zu einem Teig verarbeiten. Ausrollen, Motive ausgestochen auf ein mit Backpapier belegtes Blech legen und 8 – 10 Min. bei 180 - 200 °C backen.

ZUTATEN

250 g Mehl, 1 EL Kakao, 2 gestr. TL Backpulver, 200 g Zucker,
2 P. Vanillezucker, 1 TL Lebkuchengewürz, 1 Ei,
3 Tropfen Bittermandel-Aroma, 150 g Butter

Kirschaugen

ZUBEREITUNG: Teig: Mehl, Backpulver, Vanillezucker, Zucker, Zitronensaft, Ei, Butter in den Mixtopf geben und kurz auf **Stufe 4 bis 5** zu einem bröseligen Teig verarbeiten. Mandelblättchen einstreuen und kurz **Stufe 2** unterrühren. Teig mit der Hand kurz verkneten und zu 3 cm großen Kugeln formen. Diese auf Bleche (mit Backpapier belegt) verteilen, in jede Kugel eine kleine Vertiefung drücken und mit Belegkirschen (halbiert) belegen. Backen bei 200 °C ca. 10 Min. Nach Belieben noch etwas Amaretto oder Bittermandelaroma zum Teig geben.

ZUTATEN
TEIG: 300 g Mehl, 1 TL Backpulver, 1 P. Vanillezucker, 100 g Zucker, 2 TL Zitronensaft, 1 Ei, 130 g Butter, 50 g Mandelblättchen, etwas Amaretto oder Bittermandelaroma
BELAG: Kirschen

Kaffee-Kugeln

ZUBEREITUNG

Zucker, Instant-Kaffeepulver, Vanillezucker, in den Mixtopf und auf **Turbo** pulverisieren, 150 g Haselnüsse dazugeben und auf **Turbo** zerkleinern, Instant-Kakao (z.B. Instant-Kakao) Mehl, Salz dazugeben und auf **Stufe 4** vermischen. Butter und Doppelrahm-Frischkäse dazugeben und mit Hilfe des Spatels (der Teig ist sehr fest) gut verkneten - **2-3 Min./Brotstufe**. Den Teig entnehmen und in kleine Portionen (tennisballgroß) teilen. Aus den einzelnen Teilen fingerdicke Rollen formen, mit dem Messer kleine Stücke abschneiden, diese zu Kugeln formen und auf ein mit Backpapier ausgelegtes Backblech legen. ca. 12-15 Min. bei ca. 175 °C backen. Noch warm in Puderzucker wälzen oder mit Puderzucker überstäuben.

ZUTATEN
50 g Zucker, 2 EL Instant-Kaffeepulver, 1 P. Vanillezucker,
150 g Haselnüsse, 50 g Instant-Kakao, 250 g Mehl,
1 Pr. Salz, 125 g Butter, 100 g Doppelrahm-Frischkäse, Puderzucker

Karotten - Lebkuchen

ZUBEREITUNG

Den Weizen auf 2x in den Mixtopf geben und auf **Turbo** zu einem feinen Mehl mahlen und umfüllen. Die Mandeln in den Mixtopf geben und auf **Stufe 7** mahlen und umfüllen. Die Karotten in groben Stücken in den Mixtopf geben und auf **Stufe 3-4** mit Hilfe des Spatels zerkleinern und umfüllen. Das Orangeat und Zitronat in den Mixtopf geben und bei **Turbo** etwas zerkleinern und zu den Karotten geben. Eier und Zucker **1 Min./Stufe 6-7** schaumig schlagen, alle restlichen Zutaten nacheinander unterrühren. Evtl. Spatel
benützen. Mit einem EL auf Oblaten geben und bei 180 °C ca. 12-15 Min. backen. Mit Schokoglasur bestreichen.

ZUTATEN
400 g Weizen, 400 g Mandeln oder andere Nüsse, 250 g Karotten,
100 g Zitronat, 100 g Orangeat, 1 P. Lebkuchengewürz,
1 TL Hirschhornsalz, 9 Eier, 500 g Zucker

Knusper-Häuschen

ZUBEREITUNG

Butter, Honig, Zucker, Pfefferkuchengewürz und Kakao verrühren und erhitzen, bis sich der Zucker auflöst **4 Min./70 °C/Stufe 2.** Abkühlen lassen und Eier, Weizenmehl und Backpulver untermischen **2 ½ Min./Stufe 4** und mit Hilfe des Spatels zu einem Teig verarbeiten. Danach eine Stunde im Kühlschrank kalt stellen. In der Zwischenzeit schneidet Ihr aus Pappe die Schablone für das Häuschen aus. Eine Bodenplatte in den Maßen 20x17 cm und die Seitenteile 15x17 cm groß, und eine dreieckige Giebelseite in den Maßen 17x17x11 cm. Den gekühlten Teig teilt Ihr in drei gleich große Stücke und rollt ihn ½ cm dick aus. Diese Teigplatten backt Ihr 15 Minuten lang bei 200 °C (Heißluft 180 °C, Gas Stufe 3). Danach abkühlen lassen auf die Schablonen legen und ausschneiden. Ihr braucht eine Bodenplatte, zwei Dachseiten und zwei Giebel. 500 g Zucker im Mixtopf in **30 Sek./Turbo** zu Puderzucker zerkleinern und 1 ½ MB Wasser hinzufügen und ca. **30 Sek./Stufe 3-4** zu einem dicken Zuckerguss mischen. Mit dem Zuckerguss setzt Ihr die Haushälften zusammen. Zuerst einen Giebel am Boden befestigen und den Guss trocknen lassen. Dann das Dach ankleben und zum Schluss den zweiten Giebel. Damit ist der „Rohbau" fertig. Und jetzt kommt der schönste Teil: das Verzieren. Mit dem restlichen Zuckerguss könnt Ihr allerlei Leckereien an Eurem Lebkuchenhaus befestigen: Kekse und Spekulatius, Smarties, Marzipan und Schokolade. Wenn man etwas Guss vom Dach tropfen lässt sieht es aus wie Eiszapfen. Den restlichen Guss könnt Ihr als Schnee rund ums Haus herum verteilen.

ZUTATEN

200 g Butter, 340 g Honig, 160 g Zucker, 2 EL Pfefferkuchengewürz, 2 EL Kakao, 2 Eier, 660 g gesiebtes Weizenmehl, 2 TL Backpulver, 500 g Zucker, 1 ½ MB Wasser
ZUM VERZIEREN: Kekse und Spekulatius, Smarties, Marzipan und Schokolade

Kokos-Makronen mit Schokozimtglasur

ZUBEREITUNG: Den Zucker zu Puderzucker mahlen und umfüllen. **Schmetterling einsetzen**. 4 Eiweiß mit 1 Prise Salz **3 Min./Stufe 3** steif schlagen. Den Mixtopf auf **Stufe 1** weiterlaufen lassen und durch die Deckelöffnung den Puderzucker und tropfenweise Bittermandelöl hinzugeben. **Schmetterling entfernen.** Die restlichen Zutaten auf **Stufe 1 - 2** unterheben. Evtl. mit dem Spatel nachhelfen. Kleine Häufchen auf Backpapier oder Oblaten setzen. Bei 180 °C ca. 14 Minuten backen. Wenn sie erkaltet sind zur Hälfte in Schokoladenzimtglasur tauchen. Die Plätzchen in Blechdosen aufbewahren, da sie sehr saftig sind.

ZUTATEN

4 Eiweiß, 1 Pr. Salz, 150 g Zucker, 1 EL Vanillezucker, 65 g Quark evtl. 20 %, 4 Tropfen Bittermandelöl, 200 g Kokosraspeln, Kuvertüre oder Schokozimtglasur

Kokos Würfel

ZUBEREITUNG: Teig: Puderzucker, Butter, Eier, Backpulver, Milch, Mehl, alles **10 Sek./Stufe 5** mehrmals mischen, bis ein Rührteig entstanden ist. Auf einem Blech bei 175 °C ca. 25 Min. backen. Danach wird der Teig in Würfel geschnitten und in folgenden Guss getaucht. Guss aus Palmin, Rum, Milch, Puderzucker, Kokosflocken zum Wälzen herstellen. Palmin im Mixtopf bei 90 °C schmelzen lassen, restliche Zutaten unterrühren. Die Würfel in den Guss tauchen und sofort in Kokosflocken wälzen.

ZUTATEN
TEIG: 300 g Puderzucker, 140 g Butter, 3 Eier, 1 P. Backpulver, 2,5 MB Milch, 500 g Mehl
GUSS: 330 g Palmin, 12 EL Rum, 12 EL Milch, 650 g Puderzucker, 500 g Kokosflocken zum Wälzen

Kartoffellebkuchen

ZUBEREITUNG
Haselnüsse od. Mandeln **3 Sek./Stufe 7-8** zerkleinern. Umfüllen. Kartoffeln im Mixtopf zerkleinern, restliche Zutaten und Nüsse einfüllen und nochmals **2 Min./Stufe 4** verrühren. Teig auf die Oblaten verteilen und bei 175 °C ca. 20 Min. backen. Nach dem Erkalten mit Schokoladenguss überziehen.

ZUTATEN
250 g gekochte Kartoffeln (Vortag), 3 Eier, 380 g Zucker,
250 g gem. Haselnüsse oder Mandeln, 1 TL Zimt, 1 ½ P. Backpulver,
230 g Mehl, Oblaten, Schokoglasur

Kandiszuckersterne

ZUBEREITUNG
Zutaten in den Mixtopf füllen und **2 Min./Brotstufe** einen Teig herstellen, kaltstellen und dann portionsweise dünn ausrollen. Sterne ausstechen, auf Bleche legen und mit Milch bestreichen. Mit Grummelkandis oder fein im Mixtopf gemahlenen Kandiszucker bestreuen. Bei 180 °C (Gas: 2-3) 8 – 10 Min. backen.

ZUTATEN
125 g Margarine, 200 g Marzipan, 75 g Zucker, 1 P. Vanillezucker,
3 Tropfen Bittermandel-Aroma, 1 Ei, 250 g Mehl, 50 g Stärkemehl,
1 gestr. TL Backpulver

Last Minute Mandel-Taler

ZUBEREITUNG: Zucker und Vanillezucker in den Mixtopf geben und **7 Sek./Stufe 9** zu Puderzucker mahlen und umfüllen. Mandeln **10 Sek./Stufe 6** mahlen. Nun Mehl, Butter und Vanillepuderzucker dazugeben und **1 Min./Brotstufe** zu einem Teig verkneten. Nun zu einer Rolle formen und in Folie gewickelt über Nacht einfrieren. Dann von der gefrorenen Rolle ca. ½ cm dicke Scheiben abschneiden und diese mit genügend Abstand (verläuft noch etwas) auf ein mit Backfolie ausgelegtes Backblech geben. Nun bei 175 °C hellgelb backen. Plätzchen samt Folie auf ein Kuchenrost ziehen und erkalten lassen. Zum Schluss mit Puderzucker bestäuben.

ZUTATEN
100 g Zucker, 1 P. Vanillezucker, 100 g Mandeln, 300 g Mehl, 275 g Butter, Puderzucker

Weihnachtliches Backen

Lebkuchen

ZUBEREITUNG

Alle Zutaten in den Mixtopf füllen und **2 Min./Brotstufe** verkneten. Plätzchen herstellen und diese dann bei ca. 175 °C 15 – 20 Min. backen.

ZUTATEN

5 Eier, 100 g gem. Mandeln, 200 g Rübensirup dunkel oder hell nach Geschmack, ½ EL Zimt, abgeriebene Schale von 2 Zitronen, 200 g Butter, 650 g Mehl

Lebkuchenteig zum Essen oder Dekorieren

ZUBEREITUNG

Butter, Zucker, Lebkuchengewürz, Honig, Kakao in den Mixtopf geben **6 Min./70 °C/Stufe 2** erhitzen und abkühlen lassen. Das Ei, Salz, Mehl, Backpulver zu der Honig-Butter-Zucker-Masse geben, **2 Min./Knetstufe**. Den fertigen Teig für eine Stunde in den Kühlschrank stellen. Danach ausrollen (ca. ½ cm dick) und Sterne ausstechen. Nun in der Mitte der Sterne ein Loch ausstechen (etwas größer wie der Durchmesser eines Apfelausstecher). Dann die Sterne für ca. 5 Min. bei 200 °C backen. Backofen nochmals öffnen und in das Loch ein Früchte-Bonbon legen und nochmals für ca. 5 Min. bei 200 °C fertig backen. Das Bonbon schmilzt im Ofen und sieht dann wie ein kleines Fenster aus. Falls man die Sterne aufhängen möchte, bitte Loch für die Schleife nicht vergessen!

ZUTATEN

100 g Butter, 100 g Zucker, 1 P. Lebkuchengewürz, 200 g Honig, 1 TL Kakao, 1 Ei, 1 Pr. Salz, 500 g Mehl, 1 P. Backpulver, Früchte-Bonbon

Lebkuchen mit Schokoladenglasur

ZUBEREITUNG

Haselnüsse **20 Sek./Turbo** mahlen, Mehl, Zucker, Backpulver, Vanillezucker, Lebkuchengewürz, Nelkenpulver, Honig, Eier, Milch, Butter in den Mixtopf geben und auf **Stufe 6** glatt rühren. Die Teigmasse auf ein Backblech geben. Im vorgeheizten Backofen auf 200 °C ca. 20 Min. backen. Nun Kuvertüre schmelzen und die Lebkuchen damit bestreichen oder zur Hälfte eintunken.

ZUTATEN

150 g Haselnüsse, 350 g Mehl, 270 g Zucker, 1 P. Backpulver, 1 P. Vanillezucker, 3 TL Lebkuchengewürz, 2 TL Nelkenpulver, 3 EL Honig, 4 Eier, ¼ l Milch, 150 g Butter, Kuvertüre

Lebkuchen 1

ZUBEREITUNG

Honig, Sirup, Zucker und Butter in den Mixtopf geben und **3 Min./80 °C/ Stufe 2** erwärmen. Restliche Zutaten zugeben und **1 Min./Stufe 4** mit Hilfe des Spatels einen Teig herstellen. Den Teig auf einem gefetteten Backblech verteilen und bei 175 °C ca. 15 Min. backen. Nach dem Backen sofort in Stücke schneiden.

ZUTATEN

120 g Honig, ½ P. Honigkuchengewürz, 70 g Sirup, ¼ MB Milch, 30 g Zucker, 30 g Butter, 1 TL Backpulver, 250 g Mehl

Lebkuchen 2

ZUBEREITUNG: Nüsse im trockenen Topf in **10 Sek./Turbo** fein mahlen und umfüllen. Kandierte Früchte in **10 Sek./Stufe 6** zerkleinern und ebenfalls umfüllen. Milch, Butter und Honig **2 Min./40 °C/Stufe 2** erwärmen, Eier zufügen und nochmals ca. **1 Min./Stufe 5** verrühren. Restl. Zutaten zufügen und ca. **20 Sek./ Stufe 5** verrühren. Auf ein gefettetes oder mit Backpapier ausgelegtes Blech streichen und bei 200 °C ca. 20 Min. backen. Evtl. nach dem Backen mit Glasur bestreichen. Noch warm in Quadrate, Rechtecke oder Dreiecke schneiden.

ZUTATEN

350 g Mehl (405), 300 g Zucker, 150 g kandierte Früchte (Orangeat u. Zitronat), 100 g Haselnüsse (Mandeln), 3 TL Lebkuchengewürz, 1 TL Nelkenpulver, 1 EL Vanillezucker, 1 P. Backpulver, 250 ml Milch, 150 g Butter, 2 EL Honig, 4 Eier

Lebkuchenwaffeln

ZUBEREITUNG

Zucker auf **Turbo** zu Puderzucker mahlen. Butter oder Margarine bei **5 Min./50 °C** schmelzen und abkühlen lassen. Puderzucker, Eier, Salz und Lebkuchengewürz dazu und auf **50 Sek./Stufe 5** verrühren. Mehl Speisestärke, Backpulver, saure Sahne (od. Schmand) auf **Stufe 3-4** kurz unterrühren. Den Teig etwas quellen lassen und dann herrlich duftende Weihnachtswaffeln backen. ca. 8 Waffeln

ZUTATEN

100 g brauner Zucker, 125 g Butter oder Margarine, 4 Eier, 1 Pr. Salz, ¼ TL (oder etwas mehr) Lebkuchengewürz, 120 g Mehl (entweder Vollkornmehl oder gemischt), 50 g Speisestärke, 1 TL Backpulver, 200 g saure Sahne (od. Schmand)

Lübecker Kokosberger

ZUBEREITUNG: Zucker in den Mixtopf geben und **20 Sek./Turbo** zu Puderzucker verarbeiten und umfüllen. Rühraufsatz einsetzen und die Eiweiß in den Mixtopf geben und **3 Min./Stufe 3** schlagen. 100 g des Puderzuckers **1 Min.** vor Ende einrieseln lassen und umfüllen. Marzipanrohmasse in Stücken durch die Deckelöffnung auf das laufende Messer **Stufe 4** fallen lassen. 150 g des Puderzuckers zugeben und **10 Sek./ Stufe 4** vermischen. Schale der Orange und Kokosraspeln zugeben und **10 Sek./Stufe 6** mit Hilfe des Spatels zu einem Teig verarbeiten. Eischnee zugeben und ca. **10 Sek./Stufe 3** mit Hilfe des Spatels unterheben. Mit 2 TL kleine Häufchen auf ein gefettetes Backblech setzen und ca. 20 Min. bei 150 °C backen.

ZUTATEN

300 g Zucker, 6 Eiweiß, 450 g Marzipanrohmasse, abgeriebene Schale einer Orange, 250 g Kokosraspeln

Lieblings-Lebkuchenrezept

ZUBEREITUNG: Zitronat und Orangeat mit 1 Löffel Mehl ganz fein hacken. Nüsse (nicht zu fein mahlen) Bamberger im Mixtopf bröseln, Mehl, Hirschhornsalz in ¼ l Wasser auflösen. Zucker, Eier und Gewürze **1 Min./Stufe 3** rühren. Restliche Zutaten nach und nach zufügen. Nochmals **1 Min./Stufe 3**. Auf Oblaten (5 cm) streichen. Ergibt ca. 100 Stück. Mit Schokoguss überziehen. Lebkuchen sind total saftig und bleiben, in Blechdose aufbewahrt, auch so. *Rezept von Frau R. aus Nürnberg*

ZUTATEN

30 g Zitronat, 30 g Orangeat, 250 g Nüsse (nicht zu fein mahlen), 4 Bamberger Hörnchen, 125 g Mehl, 4 g Hirschhornsalz, 300 g Zucker, 2 Eier, ½ Msp. Muskatnuss, ½ Msp. Kardamom, ½ Msp. Nelken, ½ P. Lebkuchengewürz, 1 TL Zimt

Linzer-Plätzchen

ZUBEREITUNG

Mehl auf die Backunterlage sieben, Zucker, geriebene Walnüsse oder Haselnüsse (im Mixtopf Turbo zerkleinern), Nelken, Zimt und Butter in Stücken, darauf geben und alles rasch **1 Min./Stufe 5** verkneten. Teig kalt stellen, ausrollen und mit einem Förmchen runde Plätzchen ausstechen. Ca. 10 Min. bei 180 °C backen. Nach dem Erkalten die Unterseite mit Johannisbeer- oder Sauerkirschkonfitüre bestreichen. Zwei Plätzchen zusammensetzen. Mit Schokoladenglasur und halben Walnüssen verzieren.

ZUTATEN

170 g Mehl, 100 g Zucker, 100 g geriebene Walnüsse oder Haselnüsse (im Mixtopf Turbo zerkleinern), 1 Pr. Nelken, 1 TL Zimt, 170 g Butter in Stücken

Lübecker Kokosmakrönchen

ZUBEREITUNG

Zucker **10 Sek./Turbo** pulverisieren, umfüllen. Eiweiß mit Hilfe des Rühraufsatzes steif schlagen, 100 g des pulverisierten Zuckers einrieseln lassen. Marzipan, übriger Zucker und Eischnee **5 Sek./Stufe 3** verrühren, übrige Zutaten zufügen, **10 Sek./Stufe 6** verarbeiten mit 2 TL kleine Häufchen auf ein gefettetes Backblech setzen und im vorgeheizten Backofen 20 Min./150 °C backen.

ZUTATEN

250 g Zucker, 5 Eiweiß, 400 g Marzipan, abgeriebene Schale einer Zitrone, 2 EL Rum, 200 g Kokosraspeln

Mokkagebäck

ZUBEREITUNG: Alle Zutaten in den Mixtopf füllen und **2 Min./Brotstufe** verkneten. Plätzchen herstellen und diese dann bei ca. 175 °C 15 – 20 Min. backen.

ZUTATEN

150 g Mehl, 150 g Butter, 80 g Zucker, 2 TL Instant Kaffee, 1 EL Eierlikör

Mini Nuss-Rollen

ZUBEREITUNG

Nüsse in den Mixtopf geben und **4 Sek./Stufe 6** zerkleinern. Nun die restlichen Zutaten dazugeben und mit Hilfe des Spatels ca. **2,5 Min./Brotstufe** verkneten. Teig zu einer Kugel formen und ca. 30 Min. im Kühlschrank ruhen lassen. Nun aus dem Teig kleinere Rollen formen ca. 2 x 4 cm. Backrost mit Backpapier auslegen und diese ca. 12-15 Min. bei 180 °C backen. Nun samt Papier auf einem Rost abkühlen lassen.

ZUTATEN

100 g Nüsse, 250 g Mehl, 2 TL Backpulver, 200 g Zucker, ½ TL Nelken, 2 TL Lebkuchengewürz, 1 TL Zimt, 1 Zitrone Schale abgerieben davon, 30 g Honig, 2 Eier

Mandelgebäck

ZUBEREITUNG

Alle Zutaten in den Mixtopf füllen und **3 Min./Brotstufe** verkneten. Plätzchen herstellen und diese dann bei ca. 175 °C ca. 15 – 20 Min. backen.

ZUTATEN

200 g Mehl, 200 g Butter, 100 g Puderzucker, 100g fein gem. Mandeln (Stufe 6 zerkleinern), ½ P. Backpulver, abgeriebene Zitronenschale

Mürbe – oder Teegebäck

ZUBEREITUNG

Alle Zutaten in den Mixtopf füllen und **2 Min./Brotstufe** verkneten. Plätzchen herstellen und diese dann bei ca. 175 °C ca. 15 – 20 Min. backen. **Tipp:** Teig kann zur Hälfte auch mit 1 EL Kakao und 1 TL Butter eingefärbt und geschmeidig gemacht werden.

ZUTATEN

100 g Puderzucker, 200 g Butter, 300 g Mehl, 1 P. Vanillezucker, abgeriebene Zitronenschale

Mürbchen

ZUBEREITUNG: Alle Zutaten in den Mixtopf füllen und **2 Min./Brotstufe** verkneten. Plätzchen herstellen und diese dann bei ca. 175 °C ca. 15 – 20 Min. backen.

ZUTATEN

200 g Butter, 150 g feiner Zucker, 1 Ei, 1 Eigelb, 350 g Mehl, Zitronen od. Orangenschale

Mandelstangen

ZUBEREITUNG

Alle Zutaten (bis auf die Schokoglasur und die 50 g Mandeln) in den Mixtopf füllen und **2 Min./Stufe 4** mischen. Masse in einen Spritzbeutel geben und längliche Stangen formen. Nun bei 175 °C ca. 10 - 15 Min. backen. Nach dem Backen halb in Schokoglasur tauchen und dann in gem. Mandeln wälzen.

ZUTATEN

100 g Butter, 100 g Zucker, 2 Eigelb, 200 g Mehl, 100 g geriebene Mandeln, 1 P. Vanillezucker, abgeriebene Orangenschale, 50 g gemahlene Mandeln, Schokoglasur

Muffins-Variationen

ZUBEREITUNG GRUNDTEIG: Alles im Mixtopf auf **Stufe 4**, mit Hilfe des Spatels, zu einer geschmeidigen Masse verrühren. Bei 180 °C ca. 15-20 Min. backen (herdabhängig). Ergibt ca. 48 Muffins, je nach Füllmenge.
Tipp: Bei geraspeltem Apfel die Füllmenge der Formen evtl. etwas erhöhen, da der Teig bei dieser Mischung nicht ganz so stark aufgeht.

ZUTATEN

GRUNDTEIG: 500 g Mehl, 1 P. Backpulver, 1 P. Vanillezucker, 350 g Zucker, 200 ml Öl, 200 ml Mineralwasser, 4 Eier
Zum Variieren (unterrühren): Geraspelten Apfel, Gemahlene Nüsse , Schokostreusel , Etwas Nutella, Kakaopulver Eierlikör, Johannisbeeren... oder nach Lust und Laune
Zum Variieren (oben auflegen): Aprikosenstückchen Apfelstückchen Kirschen (entsteint) Ananasstückchen... oder geraspelten Apfel mit gemahlenen Nüssen, Nüsse mit Nutella mischen...

Der Phantasie sind keine Grenzen gesetzt!

Mandelplätzchen Ratz Fatz

ZUBEREITUNG

Mandeln mit kochendem Wasser übergießen und Schale abziehen. Aus den restlichen Zutaten einen Knetteig im Mixtopf machen. **3 Min./Stufe 5.** Aus dem Mixtopf nehmen und von Hand kurz die Mandeln unterkneten, eine Rolle formen und über Nacht in den Kühlschrank. Am nächsten Tag in Scheiben schneiden und bei 180 °C backen.

ZUTATEN

250 g Mehl, 100 g Puderzucker, 250 g Butter, 100 g Speisestärke, 1 P. Vanillezucker, 200 g Mandeln

Mandelprinten

ZUBEREITUNG: Honig mit Fett und Rum erwärmen, verrühren und abkühlen lassen. Den Kandiszucker auf **Turbo** kurz zerkleinern. Mehl mit Backpulver und Lebkuchengewürz zu dem zerstoßenen Kandiszucker geben und auf **Stufe 3** vermischen. Die Honigmasse langsam einlaufen lassen und so lange weiterlaufen lassen, bis ein glatter Teig entstanden ist. Diesen über Nacht zugedeckt ausquellen lassen. Am nächsten Tag den Teig etwa 0,5 cm dick ausrollen, in Streifen schneiden (2,5 x 4 cm) und auf mit Backpapier belegte Bleche setzen. Die Aprikosenkonfitüre erhitzen, durch ein Sieb streichen und die Plätzchen damit glasieren. Auf jedes eine Mandelhälfte oder eine Haselnuss setzen. Im vorgeheizten Backofen bei 200 °C etwa 10 Min. backen.

ZUTATEN

75 g Kandiszucker, 150 g Honig, 100 g Butter oder Margarine, 1 EL Rum, 250 g Weizenvollkornmehl, 2 TL Backpulver, 1 TL Lebkuchengewürz, 100 g Aprikosenkonfitüre, Mandelhälften oder Haselnüsse zum Garnieren

Mandelstollen

ZUBEREITUNG: Alle Zutaten außer Mandeln und Zitronat in den Mixtopf geben und **1 ½ Min./Brotstufe** vermischen und in eine Schüssel füllen. Den Teig an einem warmen Ort ca. 20 Min. gehen lassen. Mandeln und Zitronat im Mixtopf ca. **6 Sek./Stufe 8** zerkleinern und unter den Teig kneten. Stollen formen und nochmals 20 Min. gehen lassen. Auf ein gefettetes Backblech geben und bei 200 °C ca. 45 Min. backen. Nach dem Backen sofort in Stücke schneiden.

ZUTATEN

450 g Mehl, 120 g geschälte Mandeln, ½ Würfel Hefe, 120 g Zitronat,
1 ¼ MB Milch, 160 g weiche Butter in Stücken, 1 Pr. Salz, ½ P. Vanillezucker

Mandelstollen 2

ZUBEREITUNG

Zitronat - **10 Sek./Turbo**, umfüllen, 100 g geschälte Mandeln - **30 Sek./Turbo**, umfüllen. Mandeln - **30 Sek./Stufe 4**. Alle Zutaten in den Mixtopf, **3 Min./Knetstufe**. An einem warmen Ort zugedeckt ca. 30 Min. gehen lassen, dann nochmals durchkneten, zu einem Stollen formen und auf einem gefetteten Backblech nochmals 60 Min. gehen lassen, bei 180 °C ca. 50 Min. backen. Nach dem Backen sofort mit zerlassener Butter bestreichen und mit Puderzucker bestreuen.

ZUTATEN

100 g Zitronat, 100 g geschälte Mandeln, 500 g Mehl, 1 Würfel Hefe,
125 g Zucker, 1 Pr. Salz, etwas Zitroback, 1 Pr. Muskat, 1 Pr. Nelken,
250 g zimmerwarme Butter, 125 ml lauwarme Milch,
etwas Bittermandelöl

Mürbes Spritzgebäck

ZUBEREITUNG

Zucker in den Mixtopf geben und **20 Sek./Turbo** zu Puderzucker verarbeiten. Weiche Butter und Speisestärke zugeben und **15 Sek./Stufe 4** verrühren. Salz, Milch, Schale einer Zitrone und 250 g Mehl zugeben und **15 Sek./Stufe 6** mit Hilfe des Spatels verrühren. Weitere 250 g Mehl zugeben und ca. **15 Sek./Stufe 6** mit Hilfe des Spatels zu einem Teig verarbeiten. Sollte der Teig zum Spritzen zu fein sein, noch Milch **10 Sek./Stufe 6** unterrühren. Mit einem Spritzbeutel Ringe etc. spritzen und auf einem gefetteten Backblech bei 180 °C ca. 10 Min. backen.

ZUTATEN

250 g Zucker, 500 g Mehl, 300 g weiche Butter, ¾ MB Milch,
130 g Speisestärke, 2 ½ MB Milch, 1 Msp. Salz,
abgeriebene Schale einer Zitrone

Mandelrauten mit Marzipan

ZUBEREITUNG: Zutaten im Mixtopf **2-3 Min./Stufe 4** zu glattem Teig verkneten und eine Stunde zugedeckt kaltstellen. Marzipan-Mürbeteig auf bemehlter Arbeitsfläche ca. ½ cm dick ausrollen. Mit Teigrädchen Rauten ausradeln (ca. 3 x 3 cm groß). Auf Blechen verteilen. 1 Eiweiß verquirlen und Plätzchen damit bestreichen, dick mit 100 g Mandelblättchen bestreuen, bei 200 °C (Gas: 3) ca. 10 Min. backen. Nach dem Erkalten mit Puderzucker bestäuben.

ZUTATEN

100 g Marzipan, 300 g Mehl, 125 g Zucker, 1 P. Vanillezucker, 1 Pr. Salz, 100 g gemahlene Mandeln,
200 g Margarine, einige Tropfen Bittermandel-Aroma

Mutzenmandeln

ZUBEREITUNG
Alles auf **40 Sek./Stufe 4** mixen. Teig ausrollen und Mutzenmandeln ausstechen und in Palmin ausbacken.

ZUTATEN
500 g Mehl, 2 EL Butter, 1 TL Backpulver, 125 g Zucker, 2 Eier, 2 EL Rum

Mutzen von Oma

ZUBEREITUNG
Das Öl mit dem Zucker, Vanillezucker und den Eiern **40 Sek./Stufe 5** schaumig schlagen. Das Mehl mit dem Backpulver mischen und mit den Korinthen unterheben. In Palmin ausbacken.

ZUTATEN
150 g Öl, 75 g Zucker, 1 P. Vanillezucker, 5 Eier, 400 g Mehl, ½ P. Backpulver, 75 g Korinthen

Mandel-Knusperstangen

ZUBEREITUNG: Butter in Stücken mit Mehl, Backpulver, gemahlenen Mandeln, 1 Eigelb, Zucker und Salz glatt im Mixtopf verkneten. Teig in Frischhaltefolie wickeln und ca. 30 Minuten kalt stellen. Teig auf bemehlter Arbeitsplatte ca. ½ cm dick ausrollen. Mit einem gezackten Teigrad Streifen (ca. 8 x 1,5 cm) ausradeln. Auf zwei mit Backpapier ausgelegte Backbleche setzen. 1 Eigelb mit Milch glatt rühren, die Teigstangen damit bestreichen. Mandelstifte darauf verteilen. Bleche im vorgeheizten Ofen bei 175 °C (Umluft: 150 °C) ca. 10 – 12 Minuten backen. Auskühlen lassen. Konfitüre erwärmen und glatt rühren. In einen Gefrierbeutel geben, eine kleine Ecke abschneiden und die Konfitüre auf den Teigstangen verteilen. Trocknen lassen. Kuvertüre grob hacken. Die Hälfte Kuvertüre auf einem heißen Wasserbad schmelzen. Vom Wasserbad nehmen, die restliche Kuvertüre zufügen und darin schmelzen. Flüssige Kuvertüre ebenfalls in einen Gefrierbeutel geben, eine kleine Ecke abschneiden und auf die Teigstangen spritzen. Trocknen lassen.

ZUTATEN
150 g Butter, 225 g Mehl, ½ TL Backpulver, 30 g gem. Mandeln, 2 Eigelb (Größe M), 50 g Zucker, 1 Pr. Salz, 1 EL Milch, 75 g Mandelstifte oder geh. Mandeln, 5 EL Aprikosenmarmelade, 50 g Halbbitter-Kuvertüre, Mehl zum Ausrollen

Makronen

ZUBEREITUNG: Die Sonnenblumenkerne auf **1 ½ Min./3 x Turbo** fein mahlen und umfüllen. Die Karotten schälen und in Daumengroße Stücke in den Mixtopf geben und mit Spatel auf **15 Sek./Stufe 4** zerkleinern. Zu den Karotten 570 g gemahlene Sonnenblumenkerne, Zucker, Eiweiß, Speisestärke und Honig geben und **5 Min./50 °C/Stufe 2** erwärmen. Die restlichen 280 g gemahlene Sonnenblumenkerne bei **Stufe 2** durch die Deckelöffnung geben bis eine spritzfähige Masse entsteht. Die Oblaten aufs Backblech setzen. Die Masse in einen Spritzbeutel füllen und auf die Oblaten spritzen. Die Makronen mit den ganzen Sonnenblumenkernen verzieren und etwas antrocknen lassen. Im vorgeheizten Backofen bei 180 °C ca. 15-20 Min. backen.

ZUTATEN
850 g Sonnenblumenkerne, 350 g Zucker, 3 Eiweiß, 160 g Karotten, 40 g Speisestärke, 40 g Honig, Backoblaten, 150 g ganze Sonnenblumenkerne

Marzipan

ZUBEREITUNG: Die Mandeln mit heißem Wasser übergießen und nach 1 Min. mit kaltem Wasser abschrecken und trocknen. Mandeln im Mixtopf in **15 Sek.** fein mahlen. Honig und Rosenwasser **5 Sek./Stufe 3** mit Hilfe des Spatels verrühren.

ZUTATEN
200 g Mandeln, 3 EL flüssiger Honig (Akazienhonig), 1 EL Rosenwasser

Marzipan-Nüsse

ZUBEREITUNG
Eier, Zucker, Mehl und Öl im Mixtopf **2 Min./Stufe 3** verkneten. Marzipan in kleine Stücke schneiden und nach und nach in die Öffnung geben. Zu einem glatten Teig verrühren. **3 Min/Stufe 4**. Mindestens eine Stunde kühlen. Kleine Kugeln formen, auf ein Blech legen und jeweils ein halbe Walnuss fest eindrücken. Bei 180 °C (Gas: 2-3) ca. 15 Min. backen. Erkaltete Nüsse mit der Unterseite in zerlassene dunkle Kuvertüre tauchen.

ZUTATEN
3 Eier, 4 EL Zucker, 2 EL Öl, 200 g Mehl, 200 g Marzipan

Mohnküsse

ZUBEREITUNG
Mohn im Mixtopf auf **Turbo** mahlen. Milch, 100 g Zucker & Vanillezucker **2 Min./60 °C/Stufe 3** aufkochen, Mohn zufügen und ca. **4 Min./Stufe 5** weiter kochen. Abkühlen lassen. Eier, Eigelb, restlichen Zucker und Gewürze unterrühren. Mohn unterrühren. Gehackte Mandeln und Mehl dazu geben. Nochmals **1 Min./Stufe 4** verkneten lassen. Je 1 gehäuften Teelöffel der Masse auf 1 Oblate setzen, auf mit Backpapier belegte Bleche geben und im heißen Ofen bei 180 °C 15-20 Minuten backen. Kuvertüre im Mixtopf auf **Turbo** hacken, über dem heißen Wasserbad schmelzen und die abgekühlten Mohnküsse damit verzieren. ca. 30 Stück

ZUTATEN
125 g Mohn, 125 ml Milch, 150 g Zucker, 1 P. Vanillezucker, 2 Eier,
1 Eigelb, 1 Msp. gem. Kardamom, ¼ TL gem. Zimt,
200 g gehackte Mandeln, 180 g Buchweizenmehl, ca. 30 Oblaten (Ø 5 cm),
75-100 g weiße Kuvertüre

Mürbe Nussplätzchen

ZUBEREITUNG
Alle Zutaten in den Mixtopf geben und **20 Sek./Stufe 6** zu einem Teig kneten. Teig ca. ½ Stunde im Kühlschrank ruhen lassen, danach ca. ½ cm dick ausrollen und Kekse ausstechen. Bei 180 °C ca. 15 Minuten hellbraun backen. Nach Lust und Laune verzieren.

ZUTATEN
150 g ganze Haselnüsse, 150 g Mehl, 120 g Butter oder Margarine,
150 g Zucker, 2 Eigelb, 1 TL Zitronensaft

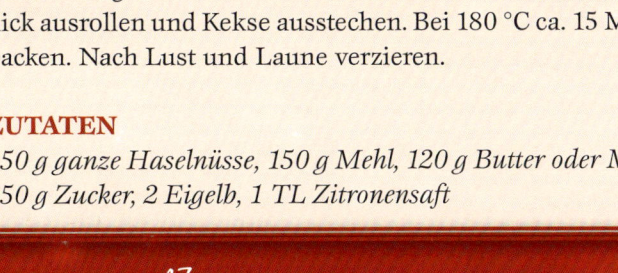

Weihnachtliches Backen

Mandel-Zitronen-Schnitten

ZUBEREITUNG

Teigplatten auf Mehl zur doppelten Länge ausrollen. Backblech mit kaltem Wasser abspülen. 2 Platten drauflegen. Mandeln, Zucker, Zitronenschale und Saft im Mixtopf **2 Min./Stufe 4** mischen. Mischung auf die beiden Platten verteilen. Ränder mit verquirltem Eigelb bestreichen. Mit den beiden übrigen Platten bedecken. Leicht andrücken. Teig mit einer Gabel anstechen. Im vorgeheizten Backofen auf der mittleren Schiene bei 225 °C 10 bis 15 Minuten backen. Danach mit glatt gerührtem Zitronengelee bestreichen und mit den gehackten Mandeln bestreuen. Abgekühlt in Schnitten servieren.

ZUTATEN

4 Platten Blätterteig tiefkühlt, 200 g gemahlene Mandeln, 100 g Zucker, 50 g gehackte Mandeln, Saft von 2 Zitronen, abgeriebene Schale einer Zitrone, 1 Eigelb, 3 EL Zitronengelee

Meraner Nüsse

ZUBEREITUNG

Von den Walnusskernen 30 schöne, möglichst kleine Hälften beiseite legen. Restliche Nüsse im Mixtopf auf **Turbo** mahlen und mit der Marzipan-Rohmasse verkneten. Mit den Händen zu kleinen Bällchen formen und je eine Walnusshälfte in das Marzipan drücken. Zucker **40 Sek./Stufe Turbo** pulverisieren nun **3 Min./90 °C** schmelzen und goldgelb karamellisieren lassen (Vorsicht, der flüssige Zucker ist sehr heiß!). Hitze ausstellen und weiter rühren lassen. Mit einem Teelöffel etwas Karamell über die Walnüsse geben und fest werden lassen. In Papiermanschetten setzen und möglichst frisch essen, weil der Karamell mit der Zeit wieder weich wird. Ca. 30 Stück

ZUTATEN

125 g Walnusskerne (Hälften), 100 g Zucker, 200 g Marzipan-Rohmasse

Mokkaglasur

ZUBEREITUNG: Zucker **40 Sek./Stufe Turbo** pulverisieren, Mokka zugeben und auf **Stufe 3** glatt rühren. Wenn man keinen Mokka hat, kann man dem Puderzucker auch Cappuccinopulver und ca. 3 EL Wasser zufügen. Die Plätzchen damit bestreichen.

ZUTATEN

200 g Zucker, ca. 3 EL Mokka

Mokka-Ecken

ZUBEREITUNG: Haselnüsse und Blockschokolade **10 Sek./Stufe 4** hacken. Butter, brauner Zucker, Eier, Zimt, Mehl, Backpulver, Rum oder Amaretto dazu geben und **1 Min./Stufe 4** rühren, auf ein Blech streichen und bei Umluft 175 °C 20 Min. backen Instantkaffee und Puderzucker mit heißem Wasser zu einem Guss verrühren **Stufe 3** und auf das Gebäck streichen. Sofort in kleine Rechtecke und dann in Dreiecke schneiden und jedes mit einer Mokkabohne belegen.

ZUTATEN

125 g Haselnüsse, 100 g Blockschokolade, 200 g Butter, 200 g brauner Zucker, 2 Eier, 1 TL Zimt, 250 g Mehl, 1 TL Backpulver, 2 EL Rum (oder Amaretto), 3 TL Instantkaffee, 200 g Puderzucker, etwas heißes Wasser

Marzipan – Ravioli

ZUBEREITUNG: Die Marzipan-Rohmasse in Würfel schneiden und mit 75 g durchgesiebtem Puderzucker verkneten. Marzipan auf Puderzucker etwa 2 mm dick zu einem Rechteck ausrollen. **Für die Füllung:** Aprikosen (**1 Min./Stufe 6**) fein hacken und mit Pistazien, Marmelade und eventuell Likör (**30 Sek./Stufe 5**) verrühren. Mit einem Teelöffel kleine Häufchen im Abstand von 2 cm auf eine Hälfte der Marzipanplatte setzen. Die Zwischenräume mit einem Pinsel mit etwas Wasser bestreichen, damit die zweite Marzipanlage gut klebt. Die zweite Hälfte der Marzipanplatte über die Häufchen schlagen und die Zwischenräume gut andrücken. Mit einem Ravioliausstecher oder mit einem Kuchenrädchen mit gewelltem Rand Ravioli ausstechen. Marzipanreste eventuell nochmals ausrollen und wie beschrieben füllen. **Für die Verzierung:** Die Kuvertüre hacken und im warmen Wasserbad schmelzen lassen (geht auch im Mixtopf). Kuvertüre in einen kleinen Gefrierbeutel geben und eine kleine Ecke davon abschneiden. Schokolade in Streifen über die Ravioli spritzen und trocknen lassen.

Tipp: Als Füllung können Sie auch etwas Nougat, Cocktailkirschen oder gehackte kandierte Früchte, mit etwas Likör vermischt, nehmen. Ca. 25 Stück

ZUTATEN

200 g Marzipan-Rohmasse, 50 g getrocknete Aprikosen, 100 g Puderzucker, 30 g gehackte Pistazienkerne
FÜLLUNG: 75 g bittere Orangenmarmelade, 2 EL Bitterorangen-Likör; (Grand Marnier),
50 g Bitter-Kuvertüre

Mokka – Rum – Trüffel

ZUBEREITUNG

Butter und Puderzucker im Mixtopf **3 Min./Stufe 4** cremig schlagen. Vanille-Aroma, Espressopulver, Rum und Likör durch die Öffnung geben und nochmals **2 Min./Stufe 3** verrühren. Die Trüffelmasse am besten über Nacht kalt stellen. Espressopulver und Kakao durchsieben und mischen. Mit zwei Teelöffeln kirschgroße Stücke von der Trüffelmasse abstechen, etwas rund formen und in der Espresso-Kakao-Mischung wälzen. Trüffelmasse zwischendurch kühl stellen. Die Trüffel unbedingt kühl aufbewahren. Durch den hohen Butteranteil werden sie schnell weich.

Tipp: Die Trüffelmasse lässt sich gut einfrieren. Eventuell gleich die doppelte Menge zubereiten, eine Portion einfrieren und erst später in Kakao wälzen. Ca. 35 Stück

ZUTATEN

200 g Weiche Butter, 2 EL Mokka-Likör, 150 g Puderzucker,
½ TL Instant-Espressopulver, ½ TL Flüssiges Vanille-Aroma,
2 TL Instant-Espressopulver, 2 EL Rum

Maisplätzchen

ZUBEREITUNG: Butter, Zucker, Ei, Maismehl und Backpulver im Mixtopf **2 Min./Stufe 6** zu einem glatten Teig verkneten. Mit den Händen zu zwei Rollen mit etwa 3 cm formen und etwa eine Stunde kalt stellen. Nüsse hacken und eine Teigrolle darin wälzen, so dass sie rundherum mit Nüssen beklebt ist. Kandis und gehackte Kürbiskerne mischen und die zweite Teigrolle darin wälzen. Rollen in etwa ½ cm dicke Scheiben schneiden und auf mit Backpapier ausgelegte Backbleche legen. Im vorgeheizten Backofen bei 175 °C, Umluft 150 °C, Gas Stufe 2 ca. 15 Minuten backen.

Anmerkung: Wer den leicht bitteren Geschmack vom Maismehl nicht mag, kann Weizenmehl nehmen. Plätzchen etwa fünf Min. länger backen und zum Formen etwas Mehl auf die Arbeitsfläche geben. Das Gebäck ist dann allerdings nicht mehr glutenfrei. Glutenfrei ca. 70 Stück

ZUTATEN

200 g Butter, 1 EL Kandis; weiß oder braun, 125 g brauner Zucker, 1 Ei, 1 EL Kürbis- oder Pinienkerne,
275 g Maismehl, 50 g Macadamianüsse

Mohnbuchteln

ZUBEREITUNG: Teigzutaten in den Mixtopf geben und **3 Min./Brotstufe** zu einem Hefeteig verarbeiten. Für die Füllung Mohn auf **Turbo** mahlen. Mohn mit heißer Milch übergießen und etwas quellen lassen. Ei und abgeriebene Zitrone oder Zitronensaft zugeben und mit Zucker süßen. Teigstücke von je 40 g abwiegen und zu runden Plätzchen (½ cm hoch) ausrollen. Auf jedes Plätzchen 1 EL Mohnfüllung geben und den Teig darüber fest schließen. Butter in einer tiefen Pfanne zerlaufen lassen und die Buchteln darin von allen Seiten einfetten und dicht aneinander hineinsetzen. 10 Min. gehen lassen. Bei 220 °C im vorgeheizten Backofen ca. 30 Min. backen. Heiß mit Puderzucker bestreut servieren.

ZUTATEN
TEIG: 500 g Mehl, 30 g Hefe, 2 ½ MB Milch, 2 Eier, 40 g Zucker, 50 g Öl oder flüssige Butter, 1 Pr. Salz
FÜLLUNG: 200 g Mohn auf Turbo mahlen, 2 ½ MB heiße Milch, 1 Ei, 50 g Zucker,
1 ungespritzte Zitrone oder Zitronensaft,
BACKEN: 100 g Butter

Mohnstriezel

ZUBEREITUNG
Alle Teigzutaten in den Mixtopf geben und **30 Sek./Stufe 3** verrühren. Teig 40 Min. kalt stellen. Rosinen und Rum in einer Schüssel ziehen lassen. Mandeln **5 Sek./Turbo** zerkleinern und zu den Rosinen geben. Mohn **45 Sek./Turbo** fein mahlen, restliche Zutaten außer Eigelb dazugeben und **6 Min./90 °C/Stufe 5** aufkochen lassen, sofort zu den Rosinen geben, verrühren und abkühlen lassen. Den Teig halbieren, jede Hälfte zu einem Rechteck ausrollen. Die Mohnfüllung darauf verteilen, aufrollen und mit dem Eigelb bestreichen. Auf ein Backblech legen und bei 175 °C/ca. 25 Min. backen.

ZUTATEN
TEIG: 150 g Magerquark, ½ MB Milch, ½ MB Öl, 90 g Zucker,
1 P. Vanillezucker, 1 Pr. Salz, 300 g Mehl, 1 P. Backpulver
FÜLLUNG: 100 g Rosinen, 3 EL Rum, 100 g Mandeln, 200 g Mohn,
2 EL Mehl, 4 ½ MB Milch, 70 g Butter in Stücken, 100 g brauner Zucker,
½ TL Zimt, 1 Eigelb

Nussküsse

ZUBEREITUNG: Schmetterling einsetzen! Eiweiß mit Zucker **20 Sek./Stufe 4** schaumig rühren und Nüsse **Stufe 2** unterheben (mit Hilfe des Spatels). Plätzchenteig auf Oblaten geben und bei schwacher Hitze backen.

ZUTATEN
*4 Eiweiß, 160 g Zucker, 160 g Nüsse (**Stufe 6** oder **Turbo** zerkleinern)*

Negerbusserl

ZUBEREITUNG: Rühreinsatz nutzen. Eiweiß herstellen **3 Min./Stufe 3** und umfüllen. Nüsse in den Mixtopf geben und Schokolade in Stücken dann **5 Sek./Turbo** zermahlen. (Spatel). Restliche Zutaten zufügen und **3 Min./Stufe 3** untermischen bis sich der Zucker aufgelöst hat. Busserl formen und bei schwacher Hitze backen.

ZUTATEN
2 Eiweiß, 140 g Zucker, 140 g Nüsse, 2 Rippen Schokolade

Nusstaler

ZUBEREITUNG

Haselnüsse, **Turbo** ganz kurz grob hacken, umfüllen. Für den Knetteig folgende Zutaten in den Topf geben: Mehl, Backpulver, Zucker, Vanillezucker, Bittermandelaroma, Salz, Ei und Butter kalt kurz auf **Stufe 4 bis 5** zu einem bröseligen Teig verarbeiten, dann die Haselnüsse zugeben und auf Stufe 4 ganz kurz unterarbeiten. Teig von Hand noch mal durchkneten und 2-3 Rollen (Durchmesser etwa 3 cm) formen. Die Rollen in Alufolie einfrieren. Wenn sie hart sind in 0,5 cm dicke Scheiben schneiden und auf Bleche mit Backpapier belegt, verteilen, backen bei Ober-/Unterhitze 180 °C/Heißluft 160 °C etwa 15 Minuten. Nach Belieben noch Rumaroma zum Teig geben, oder die fertigen Plätzchen halb in Schokolade tauchen. Gut zum einfrieren geeignet!

ZUTATEN

130 g Haselnüsse
TEIG: 250 g Mehl, 1 TL Backpulver, 130 g Zucker, 1 P. Vanille-Zucker,
4 Tropfen Bittermandelaroma, 1 Pr. Salz, 1 Ei, 130 g Butter kalt

Nougatplätzchen

ZUBEREITUNG

Mandeln auf **Turbo** fein mahlen. Ei, Speisestärke, Mehl und Margarine oder Butter hinzufügen. **2 Min./Teigstufe** zu einem Teig verarbeiten. Falls der Teig noch klebt, etwas Mehl zufügen damit man ihn gut auswellen kann. ¼ cm dick auf einer bemehlten Arbeitsfläche ausrollen. Nun Plätzchen ca. 4 cm Durchmesser ausstechen. Auf ein mit Backpapier ausgelegtes Blech setzen und ca. 15 – 20 Min. bei 175 °C auf mittlerer Schiene abbacken. 1 Plätzchen mit Haselnussnougat noch heiß bestreichen und sofort einen oben drauf setzen. Erkalten lassen und schmecken lassen...

ZUTATEN

100 g Mandeln, 1 Ei, 100 g Speisestärke,
150 g Mehl, 150 g Margarine (oder Butter)

Nougatkipferl

ZUBEREITUNG: Butter und Nougatmasse in den Mixtopf geben und ca. **10 Sek./Stufe 5** verkneten. Restliche Zutaten, außer Kuvertüre zugeben und ca. **15 Sek./Stufe 6** mit Hilfe des Spatels zu einem Teig verarbeiten. Den Teig in 4 Rollen von 5 cm Durchmesser rollen und 1 Stunde im Kühlschrank ruhen lassen. Anschließend die Rollen in ½ cm dicke Scheiben schneiden, aus diesen kleinen Hörnchen formen und auf ein gefettetes Backblech legen. Auf mittlerer Schiene ca. 10-12 Min. bei 180 °C backen. Auskühlen lassen! Kuvertüre in groben Stücken in den Mixtopf geben und ca. **10 Sek./Turbo** zerkleinern und anschließend **3 Min./50 °C/ Stufe 1** schmelzen lassen. Beide Enden der Kipferl in die flüssige Kuvertüre tauchen.

ZUTATEN

100 g weiche Butter in Stückchen, 300 g Mehl, 200 g weiche Nougatmasse, 150 g Zartbitter-Kuvertüre, 1 Ei,
1 P. Vanillezucker, 1 Msp. Salz, ½ TL Backpulver

Nougat-Taler

ZUBEREITUNG

Haselnüsse **20 Sek./Stufe 9** mahlen. Restliche Zutaten dazugeben und **2-3 Min./Brotstufe**. Mürbeteig kalt stellen. Dann messerrückendick ausrollen und rund ausstechen. Plätzchen 10 bis 15 Min. bei 200 °C backen. 200 g Nougatmasse oder Kuvertüre schmelzen. Die Hälfte der erkalteten Taler damit bestreichen und immer zwei aufeinander setzen, danach in die restliche Schokomasse zur Hälfte eintauchen.

ZUTATEN

150 g Haselnüsse, 250 g Mehl, 75 g Zucker, 1 P. Vanillezucker, 200 g weiche Margarine, 1 Ei, 200 g Nougatmasse oder Kuvertüre

Nougat-Mandel-Kugeln

ZUBEREITUNG: Mandeln in den Mixtopf geben und **4 Sek./Stufe 5** zerkleinern und umfüllen. Schokolade zugeben und **10 Sek./Stufe 7** zerkleinern. Restliche Zutaten zugeben und **6 Sek./Stufe 7** und **30 Sek./Stufe 5** vermischen. Die Masse in den Kühlschrank stellen und fest werden lassen. Anschließend Kugeln formen und in den Mandeln wälzen.

ZUTATEN

150 g geschälte Mandeln, 100 g Zartbitter-Schokolade, 200 g Marzipanrohmasse, 200 g Nougat, ½ MB Rum

Nussecken

ZUBEREITUNG

200 g Haselnüsse in den Mixtopf geben, **10 Sek./Turbo** zerkleinern und umfüllen. Restliche 200 g Haselnüsse in den Mixtopf geben, **7 Sek./Stufe 6** zerkleinern und zu den anderen Nüssen geben. 200 g Butter, Zucker, ½ TL Vanillezucker und Wasser in den Mixtopf geben und **4 Min./100 °C/Stufe 2** verrühren und zu den Nüssen geben, alles gut vermischen und umfüllen. Restliche Zutaten, außer Marmelade in den Mixtopf geben und ca. **30 Sek./Stufe 7** einen Teig herstellen. Den Teig auf ein gefettetes Backblech geben und glatt streichen. Marmelade auf den Teig verteilen und das abgekühlte Nuss-Butter-Gemisch darüber streichen und bei 180 °C ca. 30 Min. backen lassen. Gebäck abkühlen lassen und in Dreiecke schneiden und eine Hälfte davon mit Schokoladenglasur bestreichen.

ZUTATEN

400 g Haselnüsse, 1 TL Backpulver, 200 g Butter in Stücken, 130 g Zucker, 200 g Zucker, ½ TL Vanillezucker, 2 Eier, 4 EL Wasser, 130 g weiche Butter in Stücken, 300 g Mehl Type 1050, 4 EL Aprikosenmarmelade

Nussmakronen

ZUBEREITUNG: Zucker in den Mixtopf geben **20 Sek./Turbo** fein mahlen und umfüllen. Haselnüsse in den Mixtopf geben und **10 Sek./Turbo** fein mahlen und umfüllen. Mixtopf heiß ausspülen und Rühraufsatz einsetzen. 3 Eiweiß in den Mixtopf geben und **3 Min./Stufe 3** steif schlagen. Puderzucker 1 Min. vor Ende durch die Deckelöffnung auf das laufende Messer langsam einrieseln lassen. Rühraufsatz entfernen und restliche Zutaten zugeben und **20 Sek./Stufe 2-3** gut vermischen. Spatel dabei einsetzen! Mit 2 TL kleine Häufchen auf ein mit Backpapier ausgelegtes Backblech setzen. Bei 150 °C ca. 20 Min. backen.

ZUTATEN

230 g Zucker, ½ TL Zimt, 300 g Haselnüsse, 3 Eiweiß, Puderzucker, 1 TL Zitronensaft, 1 Pr. Salz

Nussbeißerchen

ZUBEREITUNG: Margarine bis Salz alles in den Mixtopf füllen **2-3 Min./Stufe 4** einen Teig herstellen und in Folie gehüllt kühl stellen. Ca. 5 mm dick ausrollen und kleine Kreise ausstechen. Bei 175 °C (Gas: 2) ca. 10 – 12 Min. backen. Zucker karamellisieren, gemischte Nüsse (grob im Mixtopf **Stufe 6** gehackt) zufügen und vermengen auf ein mit Backpapier belegtes Blech geben, glatt streichen und leicht erkalten lassen, in Stückchen (etwas kleiner als die Plätzchen) brechen. Je 100 g Vollmilch- und Halbbitterkuvertüre zusammen schmelzen lassen, die gebackenen Plätzchen damit bestreichen und jeweils ein Krokantstück aufsetzen und auf dem Kuchengitter trocknen lassen.

ZUTATEN

150 g Margarine, 250 g Mehl, 1 Ei, 75 g Zucker, 1 P. Vanillezucker, 1 Citroback, 1 Pr. Salz,
150 g Zucker karamellisieren (80 °C/Stufe 2), 300 g gemischte Nüsse, 100 g Vollmilch- und Halbbitterkuvertüre

Nougatringe

ZUBEREITUNG

1. Mehl, Puderzucker und Spekulatiusgewürz mischen, **40 Sek./Stufe 4.** Butterwürfel und Eigelb darauf setzen. Nochmals **30 Sek./Stufe 5.** Alles mischen und 30 Minuten kalt stellen. 2. Den Teig 3 mm dick ausrollen. Erst Kreise von 5 cm Durchmesser, dann jeweils in der Mitte ein Loch von 2 cm Durchmesser ausstechen. Die Ringe auf ein mit Backpapier belegtes Blech legen. Im vorgeheizten Backofen, bei 180 °C, Umluft 160 °C backen, auskühlen lassen. 3. Nougat im heißen Wasserbad auflösen und etwas abkühlen lassen. Einen Spritzbeutel mit Lochtülle füllen und auf jedes Plätzchen einen Nougatring spritzen. Über Nacht kalt stellen, 4. Die Kuvertüre hacken und im Wasserbad schmelzen. Die Oberfläche der Nougatringe in die Kuvertüre tauchen und trocknen lassen. Haselnussglasur nach Anweisung schmelzen und die Nougatringe damit verzieren.

ZUTATEN

150 g Mehl, 50 g Puderzucker, 1 TL Spekulatiusgewürz, 80 g Butter,
1 Eigelb, 400 g Nougatmasse, 200 g Halbbitter Kuvertüre,
100 g helle Haselnussglasur

Nürnberger Muffin

ZUBEREITUNG

Schokoladenlebkuchen, Orangeat und Zitronat **Stufe 6** zerkleinern, mit den anderen Zutaten mischen, in mit Papierförmchen ausgelegte Muffinform geben bei 180 °C ca. 20-25 Min backen. Auskühlen lassen. Für die Verzierung: Butter, Honig Zimt erwärmen (**1 Min./50 °C/Stufe 1**), mit einem Pinsel dick auf die Muffin streichen. Mandeln sternförmig auf die Muffin legen, 1 kandierte Frucht in die Mitte.

ZUTATEN

200 g Schokoladenlebkuchen, 60 g Orangeat, 60 g Zitronat, 125 g Mehl,
60 g gehackte Mandeln, 1 TL Zimt, 1 Pr. gemahlenen Kardamom,
2 TL Backpulver, ½ TL Natron, 1 Ei , 50 g flüssiger Honig, 80 ml Milch
*60 ml Pflanzenöl, 150 g saure Sahne, 70 g Zucker (**40 Sek./Stufe 4** mischen)*
VERZIEREN: 100 g weiche Butter, 25 g Honig, 1 TL Zimt,
100 g geschälte ganze Mandeln, 50 g kandierte Früchte

Nougat – Marzipan - Kugeln

ZUBEREITUNG

Mandeln **4 Sek./Stufe 3/Turbo** zerkleinern umfüllen. Zartbitter Schokolade in Stücken **10 Sek./Stufe 7** zerkleinern. Marzipan, Nougat in Stücken, Rum zugeben und **6 Sek./Stufe 7** und **30 Sek./Stufe 5** vermischen. Die Masse in den Kühlschrank stellen und fest werden lassen. Anschließend Kugeln formen und in den Mandeln wälzen.

ZUTATEN

150 g geschälte Mandeln, 100 g Zartbitter Schokolade, 200 g Marzipan, 200 g Nougat in Stücken, ½ MB Rum

Orangenkuchen

ZUBEREITUNG

Alles zusammen in den Mixtopf geben und **2 Min./Stufe 5** verrühren. In einer Springform 60 Minuten bei 175 °C backen. 100 g Butter, 150 g Zucker, 50 ml Orangensaft **5 Min./60 °C/Stufe 3** auflösen. Nachdem der Kuchen 5 Min. ausgekühlt ist, die flüssige Glasur darüber gießen.

ZUTATEN

250 g weiche Butter, 220 g Zucker, 1 EL Orangensaft, 1 P. Orangeback, 5 Eier, 450 g Mehl, 1 P. Backpulver, 180 ml Milch

Orangen Ingwer Kringel

ZUBEREITUNG: Mandeln **Turbo** fein mahlen, Mehl, Backpulver, Zucker, etwas Vanillezucker, Ei, weiche Butter, Finesse Orangenfrucht, Ingwer dazugeben und **3 Min./Brotstufe**. Danach den Teig mit den Händen auf bemehlter Arbeitsfläche zu einem festen Teigkloß kneten. Kleine Häufchen abteilen und zu Bleistiftdicken Rollen formen, daraus Kringel formen und direkt auf das Backblech legen. Backen im unteren Drittel des vorgeheizten Backofens, Heißluft ca. 160 °C, Ober-Unterhitze ca. 180 °C. Die Kringel mit dem Backpapier vom Blech ziehen und kalt werden lassen. Zartbitterschokolade und Öl im Wasserbad schmelzen und die Kringel bis zu einem Drittel in die Schokolade eintauchen. Wieder auf das Backpapier legen und Finesse Orangenfrucht auf die noch feuchte Schokolade streuen.

ZUTATEN

100 g Mandeln, 200 g Weizenmehl Type 405, 1 Msp. Backpulver, 125 g Zucker, etwas Vanillezucker, 1 Ei, 125 g weiche Butter, 1 P. Finesse Orangenfrucht, 2 TL gemahlener Ingwer
VERZIEREN: 100 g Zartbitterschokolade, 1 TL Öl

Orangen- Anis- Kekse

ZUBEREITUNG: Alle Zutaten **2 Min./Brotstuf**e zu einem Mürbeteig verarbeiten. Teig für ca. 30-40 Min. in den Kühlschrank stellen. Den Teig auf eine bemehlte Arbeitsfläche 5 mm dick ausrollen. Mit verschiedenen Ausstechformen Kekse ausstechen. Dann auf ein mit Backpapier ausgelegtes Blech geben. (ca. 2 Bleche). Im vorgeheizten Backofen mittlere Schiene 12-15 Min. Backen. (E Herd 200 °C/Heißluft 175 °C/Gas Stufe 3) Grand Marnier oder Puderzucker mit Orangensaft glatt rühren und die Plätzchen nach dem Backen damit bestreichen.

ZUTATEN

300 g Mehl, 1 Pr. Salz, 200 g kalte Butter, 100 g Zucker, 1 Ei, 1 P .Vanillezucker, 2 3 TL unbeh. abgeriebene Orangenschale, 1 Msp. Gemahlener Anis
VERZIEREN: Grand Marnier, Puderzucker

Orangen - Mandel - Krokant

ZUBEREITUNG

Die Orangen heiß abspülen, trockenreiben und die Schale in feinen Streifen abschälen. Die Mandelstifte in einer Pfanne ohne Fett goldbraun rösten, herausnehmen. Zucker und Honig in die Pfanne geben und fünf Minuten erhitzen, bis der Zucker geschmolzen ist. Orangenschale, Mandeln und Orangeat unterrühren und eine Minute kochen lassen. Den Orangen-Mandel-Krokant mit einem Teelöffel auf die Oblaten setzen und erkalten lassen. Eventuell die freien Ränder der Backoblaten abbrechen. Orangen-Mandel-Krokant in einer gut schließenden Dose aufheben. Möglichst nicht länger als eine Woche, weil der Krokant durch die Luftfeuchtigkeit klebrig wird. Ca. 35 Stück

ZUTATEN

2 Orangen, 35 Backoblaten (4 cm Durchm.), 125 g Mandelstifte, 100 g Zucker, 75 g Honig, 100 g Orangeat

Oma`s Berne Leckerlies

ZUBEREITUNG: Bienenhonig im Mixtopf **2 Min./50 °C/Stufe 3** erwärmen. Zucker, Zimt, Zitronenschale und Kirschwasser dazu geben, Mehl nach und nach zugeben (**1 Min./Stufe 4**). Den Teig auskühlen lassen, dann auf eine trockene Arbeitsfläche geben und von Hand gut durchkneten. Den Teig in zwei Teile schneiden, die 5 mm dick ausgerollt werden. In Rechtecke von 3 x 4 cm schneiden. Mit etwas Abstand auf zwei mit Backpapier ausgelegte Kuchenbleche legen. 20 Minuten backen. Glasur: Puderzucker sieben und mit wenig Wasser vermengen. Die Leckerlis noch warm mit dieser Glasur bestreichen. Auf einem Gitter auskühlen lassen.

ZUTATEN

350 g Bienenhonig, 250 g Zucker, 20 g Zimt, 2 Zitronen; die geriebene Schale, 3 EL Kirschwasser, 60 g Puderzucker, 3 EL Wasser, 450 g Weizenmehl (Type 1050)

Orangen-Zitronen Frischkuchen

ZUBEREITUNG

Alles in den Mixtopf geben und ca. **8 x kurz** auf **Stufe 5** schalten. Den Rührteig in eine Kastenform geben und ca. 50-60 Min. bei 180 °C backen. Kuchen auf einem Gitterrost stürzen und dann mit dem Guss bestreichen.

ZUTATEN

180 g Butter, 200 g Zucker, 4 Eier, 150 g Mehl (Typ 405), 100 g Kölln Flocken (Haferflocken Instand), 2 TL Backpulver
GUSS: 100 g Puderzucker, Saft von 2 Orangen oder 1 Zitrone

Omas Apfelbreikuchen

ZUBEREITUNG: Butter **1 Min./40 °C/Stufe 2** schmelzen

Restliche Zutaten bis „Apfelbrei" zugeben, **20 Sek./Stufe 4/Spatel** verrühren. Zutaten „Apfelbrei" **20 Sek./Stufe 6/Spatel** zerkleinern, dann **5 Min./100 °C/Stufe 3** kochen, abkühlen lassen. 1/3 des Teiges in einem Spritzbeutel mit gezackter Tülle füllen, Rest auf ein gefettetes, mit Semmelbröseln ausgestreutes, tiefes Backblech streichen. Apfelbrei darauf verteilen, evtl. mit Sultaninen bestreuen, mit dem Teig aus dem Spritzbeutel ein Gitter darauf spritzen 30 Min./175 °C goldgelb backen, mit Puderzucker bestäuben!
TIPP: Zum Verteilen von Teig immer den Spatel in Wasser tauchen, damit der Teig nicht hängen bleibt

ZUTATEN

TEIG: 250 g Butter, 170 g Zucker, 1 Pr. Salz, 1 Backaroma Vanille, 6 Eier, 500 g Mehl, 1 P. Backpulver, APFELBREI: 1 kg Äpfel, 1 Pr. Zimt, 1 P. Vanillezucker, 70 g Zucker, 1 Pr. Salz

Weihnachtliches Backen

Pfeffernüsse

ZUBEREITUNG: Nüsse in den Mixtopf füllen und **3 Sek./Stufe 6** zerkleinern. Umfüllen. Zucker in den Mixtopf geben und **10 Sek./Turbo** zu Puderzucker verarbeiten. Nun alle Zutaten und die Nüsse in den Mixtopf füllen und **2 Min./Brotstufe** verkneten. Plätzchen herstellen und diese dann bei ca. 175 °C 15 – 20 Min. backen.

ZUTATEN

80 g Nüsse, 200 g Zucker, 400 g Mehl, 3 Eier, ½ TL Zimt, 1 Msp. Gem. Nelken, 1 Msp. Gem. Pfeffer, 1 Msp. Hirschhornsalz, 400 g Butter

Pflaumenmonde

ZUBEREITUNG

Nüsse **30 Sek./Turbo** fein mahlen und in eine Schüssel geben. Pflaumen Stufe 6 zerkleinern, dann alle übrigen Zutaten zufügen und **2 Min./Stufe 6** vermengen. Walnussgroße Kugeln formen, flachdrücken, zwischen 2 Oblaten legen und andrücken. Die gefüllten Oblaten für 15 Min. ins Gefrierfach geben und anschließend mit einem Messer halbieren.

ZUTATEN

150 g Trockenpflaumen, ungeschwefelt, 50 g Haselnüsse oder Mandeln, 50 g Honigmarzipan (s. o.), 1 EL Rum oder Orangensaft, 1 EL flüssiger Honig, etwas Zimt, Ingwer, 20 Oblaten von 5 cm Durchmesser

Pfefferminz-Schoko-Stäbchen

ZUBEREITUNG

Pfefferminzbonbons in den Mixtopf geben, ein Küchentuch unter den Deckel legen und ein paar Mal (3-4 x) auf die **Turbo** drücken. So lange bis die Bonbons pulverisiert sind. Zartbitterschokolade in Stücken hinzugeben und ca. 7x mit Druck auf die Turbo-Taste zerkleinern. Kokosflocken hinzugeben. **5 Min./40 °C/Stufe 3** erwärmen und vermischen. Dickflüssige Masse auf ein mit Backpapier ausgelegtes Backblech gießen und leicht glatt streichen. Abkühlen lassen und in Stäbchen schneiden.

ZUTATEN

150 g Pfefferminzbonbons, 250 g Zartbitterschokolade, 30 g Kokosflocken

Pfeffernüsse

ZUBEREITUNG: Zitronat **Stufe 2** aufs laufende Messer geben und klein mahlen, umfüllen. Speisestärke, Mehl, Zimt und Backpulver, Pfeffer, Ingwerpulver, Muskat, Piment, Nelken, Rum, Zitronenschale, Zucker und Eier im Mixtopf **35 Sek./Stufe 4** zu einem glatten Teig verarbeiten, eventuell Spatel einsetzen. Das Zitronat bei Stufe 2 dazugeben. Den Teig 1 cm dick ausrollen und runde Plätzchen ca. 3 cm Durchmesser ausstechen. Auf Backfolie bei 200 °C ca. 10 Min backen, mit folgender Glasur überziehen: Puderzucker mit Wasser **20 Sek./Stufe 3** verrühren.

ZUTATEN

70 g Zitronat, 50 g Speisestärke, 250 g Mehl, je 1 gestr. TL Zimt und Backpulver, je eine 1 Pr. Pfeffer, Ingwerpulver, Muskat, Piment, Nelken, je 1 EL Rum, abgeriebene Zitronenschale, 200 g Zucker, 2 Eier; GLASUR: 200 g pulverisierten Zucker, 3 EL Wasser

Punschtorte

ZUBEREITUNG

1. Lebkuchen fein hacken (**Stufe 6**). Zwieback ebenfalls **Stufe 6** zerkleinern. Fett zerlassen (80 °C) mit dem Lebkuchen und Zwieback mischen (**Stufe 3**). Masse in eine am Boden mit Backpapier ausgelegte Springform (26 cm Durchmesser) drücken und kurz einfrieren. 2. Traubensaft mit Rotwein, Tortenguss und Zucker mischen und unter Rühren aufkochen. Beerenmischung und Rum zugeben, erneut kurz aufkochen, abkühlen lassen. Auf dem Boden verteilen und ½ Std. kalt stellen. 3. Mascarpone, Quark, Zimt und Puderzucker verrühren. Sahne mit Sahnesteif steif schlagen, unter die Creme heben. Mascarponecreme auf das Beerenkompott streichen. Mit Schoko – Weihnachtsmännern und Zuckerpilzen garnieren. 14 Stücke

ZUTATEN

200 g weiche Lebkuchen, 50 g Zwieback, 100 g Butter oder Margarine,
300 ml roter Traubensaft, 150 ml Rotwein, 2 P. roter Tortenguss,
40 g Zucker, 300 g TK-Beerenmischung, 5 EL brauner Rum,
250 g Mascarpone, 250 g Magerquark, 2 TL gemahlener Zimt,
50 g Puderzucker, 300 ml Schlagsahne, 1 P. Sahnesteif,
6 Mini-Schokoladen-Weihnachtsmänner, 8 kleine Zuckerpilze

Quark Bällchen

ZUBEREITUNG: Eiweiß mit dem Schmetterling ca. **2 Min./Stufe 4** zu Schnee schlagen und umfüllen. Nun Zucker, Vanillezucker, Eigelb – **1 Min./Stufe 4** schaumig schlagen nun etwas Rum oder Cognac, und Öl dazugeben und **40 Sek./Stufe 4** unterrühren. Noch Quark, Mehl und Backpulver **1 Min./Stufe 2** untermischen. Zum Schluss noch das Eiweiß vorsichtig unterheben. In der Friteuse bei 160 °C abbacken.

ZUTATEN

4 Eiweiß, 200 g Zucker, 1 P. Vanillezucker, 4 Eigelb, etwas Rum oder Cognac, 8 EL Öl, 250 g Quark,
500 g Mehl, 1 P. Backpulver

Quarkmutzen

ZUBEREITUNG

Alles zusammen in den Mixtopf füllen und **40 Sek./Stufe 5** mischen. Dann in der Friteuse ausbacken.

ZUTATEN

3 Eier, 250 g Mehl, 250 g Quark, ½ P, Backpulver, 1 P. Vanillezucker, 3 EL Zucker,
abgeriebene Schale einer Zitrone

Quarkstollen ohne Zitronat und Orangeat

ZUBEREITUNG: Alle Teigzutaten in den Mixtopf füllen und **3 Min./Brotstufe** verkneten. Nun noch Mandeln, Rosinen, Pinienkerne, Trockenobst klein schneiden, Rum mit untermischen, dazugeben **1 Min./ Stufe 4**. Stollen formen, auf das Backblech geben, im vorgeheizten Ofen bei 175 °C ca. 60 Min. backen. Sofort nach dem Backen mit flüssiger Butter bestreichen und mit viel Puderzucker bestäuben. Kann sofort verzehrt werden, ohne Ruhezeit!!

ZUTATEN

TEIG: 250 g Speisequark 20%, 150 g Butter, 150 g Zucker, ½ gestr. TL Salz, abger. Schale von 1 Zitrone,
½ gestr. Kaffeelöffel Zimt, 1 Ei, 350 g Mehl, 100 g Speisestärke, 4 gestr. Kaffeelöffel. Backpulver,
50 g gehackte Mandeln, 50 g Rosinen, 50 g Pinienkerne, 200 g Trockenobst klein schneiden, 2 EL Rum
ZUM BESTREICHEN: Flüssige Butter

Quarkstollen

ZUBEREITUNG

Backofen vorheizen: 175-200 °C, Gas Stufe 2-3. Trockenobst im Mixtopf auf **Stufe 4** (Intervall) gleichmäßig zerkleinern, in eine Schüssel füllen und mit dem Rum vermischen. Die übrigen Zutaten außer Mandelsplitter in den Mixtopf geben und zuerst alles auf **Stufe 3** mit dem Spatel vermischen. Dann auf der Knetteigstufe zu einem geschmeidigen Teig kneten. Evtl. noch Mehl zufügen, falls der Teig zu klebrig ist. Zum Schluss das eingeweichte Trockenobst und die Mandelsplitter unterkneten. Teig auf eine bemehlte Arbeitsfläche geben und mit den Händen noch gut durchkneten. Den Teig zu einem Stollen formen oder in eine gefettete Stollenform drücken. Auf ein mit Backpapier ausgelegtes Backblech geben oder die Form auf ein Backgitter stellen und etwa 60 Minuten backen. Die Butter schmelzen und den noch heißen Stollen sofort mit der flüssigen Butter bestreichen und mit Puderzucker bestäuben. Diesen Vorgang ca. 3-4 mal wiederholen, damit der Stollen schon frisch und saftig bleibt.

ZUTATEN

200 g Trockenobst, 2 EL Rum, 250 g Speisequark, 150 g Butter/Margarine, 150 g Zucker, 1 TL Bourbon-Vanillezucker, ½ TL Salz, abgeriebene Schale einer Zitrone, ½ TL Zimt, 1 Ei, 350 g Mehl, 100 g Speisestärke, 4 gestr. TL Backpulver (ca. 1 Päckchen), 100 g Mandelsplitter, Butter zum Bestreichen, Puderzucker zum Bestäuben

Rumgebäck

ZUBEREITUNG

Alle Zutaten in den Mixtopf füllen und **1 Min./Stufe 4** verarbeiten. Ausrollen und Kekse ausstechen oder mit einer Gebäckpresse verarbeiten. 175 °C 15-20 Min. backen.

ZUTATEN

100 g Butter, 70 g Puderzucker, 180 g Mehl, 2 EL Rum

Rafael's Kokoskugeln

ZUBEREITUNG: 1 Dose Milchmädchen (340 ml gezuckerte Dosenmilch), mit 2 EL Butter **5 Min./100°C/ Stufe 2** aufkochen lassen. 200 g Kokosraspeln hinzugeben, umfüllen und über Nacht in den Kühlschrank stellen. Wenn die Masse fest ist, in Kokosraspeln rollen, evtl. eine Mandel hineinstecken.

ZUTATEN

1 Dose Milchmädchen (340 ml gezuckerte Dosenmilch), 2 EL Butter, 200 g Kokosraspeln, Mandeln

Rahm-Plätzchen

ZUBEREITUNG: Fett mit Zucker und Vanillezucker cremig rühren **1 Min./Stufe 3**. Ei und Sahne unter die Fett-Zucker-Masse rühren. Mehl mit Backpulver mischen und vorsichtig unter den Teig heben und nochmals auf **Stufe 3** mischen. Teig auf bemehlter Arbeitsfläche ausrollen und 90 Kekse (ca. 3 cm Durch.) ausstechen. Auf drei mit Backpapier ausgelegte Backbleche legen. Eigelb mit Milch verrühren, die Kekse damit bestreichen. Mit Nüssen, Kirschen, Pistazien etc. verzieren. Bleche im vorgeheizten Ofen bei 175 °C (Umluft: 150 °C) 8 - 10 Minuten backen.

ZUTATEN

100 g Butter oder Margarine, 200 g Zucker, 1 P. Vanillezucker, 1 Ei Größe M, 75 g saure Sahne, 500 g Mehl, ½ TL Backpulver, 1 Eigelb Größe M, je 30 g Nüsse, Belegkirschen, Pistazien etc. zum Garnieren

Rumkugeln 1

ZUBEREITUNG

Mandeln auf **Turbo** fein mahlen, dann Honig und Rum zugeben und **30 Sek./Stufe 3** unterrühren, bis eine homogene Masse entstanden ist. Aus der Masse Kugeln drehen und in Kakao wälzen.

ZUTATEN

200 g geschälte Mandeln, 100 g Honig, 4 EL Rum, 1 EL Kakao

Rumkugeln 2

ZUBEREITUNG

Die Blockschokolade auf **Turbo** zerkleinern (in 2x aufteilen) Die Sahne zugeben und **5 Min./70 °C/Stufe 5** erwärmen. Zum Schluss den Rum zufügen und nochmals durchmischen auf **10 Sek./Stufe 3**. In eine Schüssel umfüllen und über Nacht im Kühlschrank fest werden lassen. Am nächsten Tag Kugeln formen und in Schokostreusel wälzen. Im Kühlschrank in einem verschlossenen Gefäß aufbewahren.

ZUTATEN

700 g Blockschokolade, ¼ l süße Sahne, ¼ Messbecher Rum (54 %), Schokostreusel

Rumkugeln 3

ZUBEREITUNG

Löffelbiskuits **8 Sek./Stufe 10**, umfüllen. Zartbitterschokolade, **10 Sek./Stufe 10**, umfüllen. Konfitüre, Rum, weiche Butter, **10 Sek./Stufe 3** rühren. Biskuit-Schoko-Mischung zugeben, **30 Sek./Stufe 4** zu einem Teig verarbeiten. Aus dem Teig kleine Kugeln formen und in Schokostreusel, Kakao oder auch in Kokosflocken wenden, kaltstellen

ZUTATEN

200 g Löffelbiskuits, 100 g Zartbitterschokolade, 40 g Konfitüre, 50 g Rum, 50 g weiche Butter

Rahmkuchen mit Zimtgeschmack

ZUBEREITUNG

Alle Teig-Zutaten in den Mixtopf geben und ca. **20 Sek./Stufe 4** zu einem Teig verarbeiten. Teig ausrollen und in eine gefettete Springform (26cm) geben. Rühraufsatz einsetzten! Eier, Zucker, Vanillezucker u. Puddingpulver in den Mixtopf geben **30 Sek./Stufe 3** cremig rühren. Rühraufsatz entfernen. Alle restlichen Zutaten zugeben, **ca. 30-40 Sek./Stufe 3** unterrühren. Masse auf den Mürbteig geben (sehr flüssig), mit Zimt und Zucker bestreuen und bei 180 °C ca. 60 Min. backen.

ZUTATEN

MÜRBTEIG: 250 g Mehl, etwas Backpulver, 75 g Zucker, 50 g Margarine, 1 P. Vanillezucker, 1 TL Zimt, 1 Ei, ½ MB kaltes Wasser
BELAG: 3 Eier, 500 g Magerquark, 100 g Zucker, 1 P. Vanillezucker, 1 P. Vanillepuddingpulver, 300 g Milch, 200 g Sahne, 200 g Schmand, etwas Zimt u. Zucker zum Bestreuen

Rucki Zucki Kuchen

ZUBEREITUNG

Alles zusammen **1 Min./Stufe 6** rühren. Mehl, Backpulver **10 Sek./Stufe 4** kneten. In eine Kasten oder Gugelhupfform füllen dann 60 Min. auf 175 °C backen.

ZUTATEN

4 Eier, 200 g Öl, 160 g Zucker, 1 Apfel oder 1 Karotte oder 1 Banane grob zerkleinert, 100 g Nüsse im Ganzen, 200 g Mehl, 1 P. Backpulver, 1 Tafel Schokolade (Sorte nach Belieben) in grobe Stücke brechen

Rosinenhäufchen

ZUBEREITUNG

Die Schokolade **50 Sek./Stufe 2** zerkleinern und **2 Min./50 °C/Stufe 2** zum Schmelzen bringen. Danach die Mandelstifte und Rosinen gut mit der Schokolade **Stufe 2** vermischen. Nun mit dem Löffel kleine Häufchen formen und auskühlen lassen.

ZUTATEN

100 g Rosinen (in Rum eingeweicht), 400 g Vollmilchschokolade, 150 g Mandelstifte

Rote Pantoffeln

ZUBEREITUNG: Rührteig bereiten (**2 Min./Stufe 4**) und Portionsweise mit Spritzbeutel (Lochtülle) Streifen auf ein Blech spritzen. Etwa 5 Min. bei 180 °-200 °C (Gas: 3) backen. Puderzucker mit 3 – 4 EL Wasser in großer Schale zu dünnflüssigem Guss verrühren. Gebäck mit dickerem Ende ca. ½ cm tief in Guss tauchen (Unterseite abstreifen), anschließend sofort in rotes Götterspeisepulver tauchen (1 Pack. =2 Beutel), trocknen lassen.

ZUTATEN

150 g weiche Margarine, 1 P. Vanillezucker, 100 g Zucker, ½ Butter-Vanille-Aroma, 1 Ei, 150 g Mehl, 30 g Speisestärke
GUSS: 100 g Puderzucker, 3 – 4 EL Wasser, rotes Götterspeisepulver (1 P. =2 Beutel)

Weihnachtliches Backen

Rotweinkuchen

ZUBEREITUNG

Schokolade auf **Stufe 10** zerkleinern und umfüllen. Butter, Zucker und Vanillezucker auf **Stufe 4** kurz verrühren nacheinander die Eier auf **Stufe 2** hineingeben, Zimt, Kakao und Wein auf **Stufe 3** einrühren. Mehl, Schokolade und Backpulver mit dem Spatel auf **Stufe 5** unterrühren. Teig in eine Gugelhupfform geben, 60 Min./170 °C backen.

ZUTATEN

300 g Butter, 300 g Zucker, 6 Eier, 300 g Mehl, 1 P. Backpulver, 2 P. Vanillezucker, 150 g Raspelschokolade, 125 ml Rotwein, 1 ½ TL Zimt, 1 ½ TL Kakao

Schanzer Ausstecherle

ZUBEREITUNG: Alle Zutaten in den Mixtopf geben und **2-3 Min./Stufe 4** verkneten. mind. 1 Std. kühl stellen. Auf der Backunterlage mit der mit Eiswasser gefüllten Teigrolle ausrollen. Plätzchen ausstechen, auf ein gefettetes Backblech setzen und 15 Min. bei 175 °C nicht zu hell backen. Nachdem die Plätzchen erkaltet sind, mit Schokoladen oder Zitronenglasur bestreichen und nach Belieben große und kleine Plätzchen zusammen setzen.

ZUTATEN

250 g Butter, 250 g Biskin, 2 Eier, 250 g Zucker, 750 g Mehl, Schokoladen oder Zitronenglasur

Schwarz-Weiß-Gebäck I

ZUBEREITUNG: Mehl, Butter, Zucker, Ei und Zitronenschale in den Mixtopf füllen und **2 Min./Stufe 4** rasch zu einem glatten Teig verkneten, eine Hälfte zusätzlich mit Kakao, Milch und Zucker. Den Teig halbieren. Beide Teige ½ Stunde kalt stellen. Auf bemehlter Fläche jede Teigsorte rechteckig ausrollen, auf einem Stück Folie aufeinander legen und mit Hilfe der Folie von der Breitseite her eng aufrollen. Rolle in Folie gewickelt 1 Stunde kalt stellen. Folie entfernen, Rolle in 0,5 mm dünne Scheiben schneiden und auf ein mit Backpapier ausgelegtes Backblech legen.
Backen: E-Herd 170-180°C/, HL-Herd 160-170°C; ca.12 Minuten

ZUTATEN

250 g Mehl, 125 g Butter, 80 g Zucker, 1 Ei, 1 TL abgeriebene Zitronenschale, 2 EL Kakao, 2 EL Milch, 1 EL Zucker

Schwarz-Weiß-Schnecken

ZUBEREITUNG

Teigzutaten in den Mixtopf geben und **Stufe 4 bis 5** kurz zum bröseligen Teig verarbeiten. Teig halbieren und unter die eine Hälfte Kakao und Kaffeepulver instant mischen. Beide Teige einzeln dünn ausrollen, aufeinander legen und fest aufrollen. Rolle in 2 oder 3 Rollen teilen und in Alufolie gewickelt einfrieren. Die gefrorenen Rollen in etwa 1 cm dicke Scheiben schneiden und backen. 175 °C etwa 15- 20 Minuten. Zum dunklen Teig nach Belieben etwas Rumaroma oder Rum geben.

ZUTATEN

TEIG: 300 g Mehl, 150 g Zucker, 1 P. Vanille-Zucker, 2 Eigelb, 200 g kalte Butter, 2 EL Kakao, 1 TL Kaffeepulver instant

Schokoschnitten mit Rum

ZUBEREITUNG: Nüsse **Stufe 4** grob hacken - umfüllen. Butter, Eier, Zucker und Gewürze **Stufe 3** cremig aufschlagen. Mehl mit Backpulver und Kakaopulver mischen und zur Crememasse geben, vorsichtig mit so wenig Umdrehungen wie möglich unterziehen. Zuletzt die Nüsse mit dem Spatel unterziehen. Teig in eine gut gefettete Form (30 x 32 cm) oder auf ein Backblech (drei Viertel voll) streichen. Bei 175 °C ca. 25 Min. backen. Noch heiß mit warmer Aprikosenkonfitüre und abgekühlt mit der Nussglasur überziehen und mit Walnusshälften verzieren.

ZUTATEN

*250 g weiche Butter, 150 g Zucker Vanille, Salz, ½ Fl. Rumaroma, 4 Eier, 200 g Weizenmehl,
1 geh. Essl. Kakao, 2 gestr. TL Backpulver, 1 ½ TL Zimt, 100 g Walnusskerne
GLASUR: 1-2 Becher Nussglasur, 3 EL Aprikosenkonfitüre, Walnusskerne zum Verzieren*

Süße Zimtstangen

ZUBEREITUNG

Teig: Teigzutaten ca. **20 Sek./Stufe 4-5** mit Spatel zu einem Teig verarbeiten. Guss Zutaten, **3 Min./Schmetterling/Stufe 2 ½** zu steifem Schnee schlagen. Teig auf einer bemehlten Arbeitsfläche ausrollen. Den Guss darauf streichen. Mit einem ab und zu in kaltes Wasser getauchten Messer in fingerdicke - und -lange Streifen schneiden. Auf mit Backpapier ausgelegtem Blech legen, Bei 175 °C ca. 10 Min. hellgelb backen.

ZUTATEN

*TEIG: 250 g Butter, 370 g Mehl, 2 P. Vanillezucker, 1-2 TL Zimt
GUSS: 2 Eiweiß, 2 P. Vanillezucker, 250 g Puderzucker*

Schneebälle

ZUBEREITUNG: Aprikosen in den Mixtopf geben und **10 Sek./Stufe 6** zerkleinern und umfüllen. Mit Brandy übergießen und abgedeckt über Nacht ziehen lassen. Mandeln auf das laufende Messer bei **Stufe 6** fallen lassen. Marzipan zugeben und **3x5 Sek./Stufe 3** mit Hilfe des Spatels gut vermischen. Aus dieser Masse ca. 30 kleine Kugeln formen, auf ein mit Pergament-Papier ausgelegtes Blech legen und an einem kühlen Ort trocknen lassen. Kuvertüre in den Mixtopf geben und **10 Sek./Stufe 6** zerkleinern und **4 Min./60 °C/Stufe 1** schmelzen lassen. Die Kugeln auf Spieße stecken, in die flüssige Kuvertüre tauchen und mit Kokosraspeln bestreuen. Auf dem Pergamentpapier trocknen lassen.

ZUTATEN

*200 g getrocknete Aprikosen, 6 EL Apricot-Brandy, 1 MB abgezogene Mandeln, 100 g Marzipan-Rohmasse,
200 g Zartbitter-Kuvertüre, ca. 100 g Kokosflocken*

Süßer Hefeteig

ZUBEREITUNG: Milch mit Zucker und Hefe ca. **1 Min./40 °C/Stufe 2** erwärmen. Restl. Zutaten zufügen und **2 Min./Brotteigstufe** verkneten. Durch die Deckelöffnung noch Mehl oder Milch zufügen falls der Teig zu weich oder fest ist. Kekse formen und verzieren. Oder als Ganzes backen.

ZUTATEN

ca. ¼ l Milch, 8 TL Zucker, 1 P. Hefe, 60 g Margarine, 1 TL Salz, 500 g Mehl

Süße Hausfreunde

ZUBEREITUNG

Alle festen Zutaten nacheinander im Mixtopf auf **Stufe 6** zerkleinern. Danach alle Zutaten im Mixtopf miteinander mischen (**Stufe 6/ ca. 1 Min.**) und mit einem feuchten Kuchenschaber auf einem Backblech verteilen. Bei mittlerer Hitze 20 Min. backen. Danach herausnehmen und schnell in Streifen schneiden (der Teig muss noch heiß sein). Noch warm vom Blech nehmen und auf einem Stück Alufolie abkühlen lassen. Wenn der Teig abgekühlt ist, Stückchen in Schokolade tauchen oder mit Schokolade bestreichen.

ZUTATEN

4 Eier, 250 g Zucker, 2 P. Vanillezucker, 250 g Mehl, 2 TL Bachpulver (gestr.), 1 Fl. Zitronenöl, 250 g Rosinen, 250 g Haselnüsse, fein gehackt, 200 g Schokolade, fein gehackt

Schokoladenkekse

ZUBEREITUNG

Aus den Zutaten im Mixtopf **2 Min./Brotstufe** einen Teig herstellen. Aus diesen kleine Bällchen von ca. 3-4 cm Durchmesser formen. Auf ein mit Backpapier belegtes Backblech legen und leicht flach drücken. Etwas Platz zwischen den Einzelnen lassen, da sie ein wenig zerlaufen. Bei 190 °C in ungefähr 15 Min. backen.

ZUTATEN

200 g Zartbitterschokolade, in kleinen Stücken, 250 g Mehl, 1 TL Natron, ½ TL Salz, 125 g weiche Butter, 150 g Zucker, 1 EL Rübenkraut (Zuckerrübensirup), 1 Ei, 1 P. Bourbon-Vanillezucker, 50 g gemahlene Haselnüsse

Schnelle Florentiner

ZUBEREITUNG

Backofen auf 180 °C vorheizen. Das Snickers der Länge nach in 2 Hälften schneiden, die beiden Hälften jeweils in 4 Teile schneiden. Die Stücke mit der Schokoladenfläche nach unten (die Seite die auch die Seite vom Snickers war) auf ein mit Backpapier belegtes Backblech legen und im Ofen ca. 5 Min. zerlaufen lassen. (Dabeibleiben, geht recht fix.) Schmeckt überraschend authentisch, bis jetzt ist das noch keinem aufgefallen. Lässt sich auch mit Snickers Minis und anderen Schokoriegeln machen. (Backzeit variiert!) (**ohne Mixtopf aber lecker**)

ZUTATEN

1 Snickers

Schokoladenwurst

ZUBEREITUNG: Schokolade grob zerschneiden **1 Min./Stufe 4**. Mit Butter oder Palmin (Kokosfett), Mandeln, Ei und Vanillezucker vermengen. **2 Min./Stufe 3-4**. Bei Bedarf etwas Rum dazugeben. Die Masse auf Klarsichtfolie geben und eine Wurst daraus formen. Im Kühlschrank erstarren lassen. In Scheiben schneiden.

ZUTATEN

300 g Blockschokolade, 150 g Mandelstifte, 1 Ei, 1 P. Vanillezucker, 1 nussgroßes Stückchen Palmin

Spritzgebäck

ZUBEREITUNG

Butter, Zucker und Vanillezucker und Eier auf **Stufe 3** mischen. Mehl mit Backpulver mischen, unter die Eigelbmasse **Stufe 4** rühren. Orangenschale, Zimt und Muskatblüte zugeben, nochmals **20 Sek./Stufe 2** verrühren. Backofen auf 180 °C vorheizen. Teig in einen Spritzbeutel mit Rosettentülle füllen und Kreise oder Stäbchen auf ein Blech mit Backpapier spritzen. In 10 bis 15 Minuten goldgelb abbacken.
ca. 100 Stück

ZUTATEN

175 g weiche Butter, 225 g Zucker, 1 P. Vanillezucker, 3 Eier, 400 g Mehl, 1 TL Backpulver, abgeriebene Schale einer Orange, 1 Pr. Zimt, 1 Pr. Muskatblüte

Schokoladenbrot

ZUBEREITUNG: Aus den Zutaten im Mixtopf **Stufe 4** einen Rührteig herstellen, die Masse auf ein gefettetes Blech ca. 2 cm dick aufstreichen, auf mittlerer Schiene 25-30 Min, bei 180 °C - 200 °C backen. Schokoglasur auftragen und noch heiß in Rechtecke oder Rauten schneiden.

ZUTATEN

250 g Butter, 250 g Zucker, 250 g geriebene Mandeln, 250 g geriebene Blockschokolade (auf Turbo), 6 Eier, 100 g Mehl, 1 Schokoglasur

Schneller Lebkuchen

ZUBEREITUNG

Zitronat/Orangeat, Haselnüsse, **15 Sek./Stufe 7** zerkleinern, umfüllen. Milch, Butter, Honig, Eier **2 Min./50 °C/Stufe 3** erwärmen. Mehl, Zucker, Lebkuchengewürz, Nelkenpulver, Vanillezucker und die Zitronat/Orangeat/ Nussmasse zugeben und bei **30 Sek./Stufe 4-5** gut verrühren. Backpulver zugeben, kurz **Stufe 3** unterrühren Die Masse auf einem Backblech (Backpapier) verteilen und glatt streichen. Bei 200 °C ca. 20 Min. backen. Nach dem Backen evtl. mit Glasur bestreichen und noch warm in Quadrate, Rechtecke oder Rauten schneiden.

ZUTATEN

150 g Zitronat/Orangeat, 100 g Haselnüsse, 250 g Milch, 150 g Butter, 2 EL Honig, 4 Eier, 350 g Mehl, 200 g Zucker, 3 TL Lebkuchengewürz, 1 TL Nelkenpulver, 1 EL Vanillezucker, 1 P. Backpulver

Schwedische Pfefferkuchen

ZUBEREITUNG: Den Sirup aufkochen (**3 Min./Stufe 1**)und mit dem Zucker und der Butter verrühren, bis die Masse erkaltet ist. Dann die Eier und die Gewürze unterziehen (**Stufe 3**). Das in etwas kaltem Wasser gelöste Bikarbonat dazugeben. Dann den größten Teil des Mehls unterrühren. Den Teig gut durchkneten **2 Min./Brotstufe** und über Nacht ruhen lassen. Am nächsten Tag den Teig ausrollen und mit verschiedenen Teigformen Figuren ausstechen. Diese auf einem gut gefetteten Backblech bzw. auf Backpapier auslegen. Auf mittlerer Schiene bei 200 °C (Heißluft 175°C) ca. 8 Minuten backen (funktioniert super im Mixtopf).
Ca. 160 Stück

ZUTATEN

125 g Sirup, 300 g brauner Zucker, 200 g Butter oder Margarine, 2 Eier, 1 TL Nelken, 1 TL gemahlene Pomeranzenschale, 800 g Weizenmehl, 1 ½ TL Bikarbonat(Natron)

Schmalznüsse

ZUBEREITUNG: Für den Teig alle Zutaten im Mixtopf **1 Min./Brotstufe** verkneten, zu Rollen formen (ca. 2 cm) und 1 Stunde kühl stellen. Für die Baisermasse Eiweiß mit Zitronensaft sehr steif schlagen. Zucker und Vanillin langsam einrieseln lassen. Die Rollen in Scheiben schneiden, Kugeln daraus formen und auf ein vorbereitetes Backblech setzen. Mit einem Kochlöffelstiel kleine Vertiefungen in die Kugeln drücken. Baisermasse in einen Spritzbeutel mit kleiner Sterntülle füllen und die Masse in die Vertiefungen spritzen. Das Blech in den Gasbackofen einschieben und backen. ca. 60 Stück Vorbereitungszeit: ca. 15 Minuten
Backen: Stufe 2 (Elektroherd 180 °C) Backzeit: ca. 10 Minuten

ZUTATEN

100 g auf Turbo gemahlene Walnusskerne, 275 g Mehl, 125 g Schweineschmalz, 60 g Butter, 200 g Zucker, 1 P. Vanillezucker, ½ TL Hirschhornsalz, Baisermasse, 1 Eiweiß, 1 TL Zitronensaft, 75 g Zucker, 1 P. Vanillezucker

Sterntaler

ZUBEREITUNG

Mandeln auf **Stufe 6** mahlen, Mehl, Puderzucker, Backpulver und Zimt dazu, mit dem Spatel bzw. **Stufe 1-2** kurz durchmischen. Eigelb und weiche Butter in Würfeln dazu, **Stufe 4/LL** verkneten - ca. 25 Sek. Teig in Alufolie ca. 1 Std. kühlen, auf bemehlter Arbeitsfläche auswellen, Sterne in verschiedenen Größen ausstechen bei 180 °C hellbraun backen - etwa 10 Min.. Danach mit Puderzucker bestäuben.

ZUTATEN

220 g Mehl, 150 g gem. Mandeln, 100 g Puderzucker, 1 TL Backpulver, ½ TL Zimt, 2 Eigelbe, 180 g weiche Butter

Spanischer Weihnachts-Apfelkuchen

ZUBEREITUNG: Ofen auf 180 °C vorheizen. Gelatine in kaltem Wasser einweichen. Alle Zutaten für den Teig der Reihe nach in den Mixtopf geben und **15 Sek./Stufe 3** mischen. Teig in eine Plastiktüte füllen. Ruhen lassen. **Schmetterling einsetzen** und die anderen Zutaten hinzufügen. Äpfel in Stücke schneiden und in den Mixtopf füllen. **15 Min./100°C/Stufe 1** kochen. Umfüllen und beiseite stellen. Mürbeteig ausrollen und Backform damit auslegen. Mehrfach mit einer Gabel einstechen und die Ränder mit befeuchteten Fingern hochziehen. Bei 180 °C 15-20 Min. Backen. Wenn das Kompott fertig ist wird es sofort auf den Teigboden verteilt und dieser wird dann noch mal 10-15 Min. gebacken. Für den Guss den Schmetterling einsetzen, Wasser, Zucker und Eigelb zufügen. **4 Min./85 °C/Stufe 1 ½ Min.** einstellen. Dann die aufgeweichte Gelatine zugeben und noch mal **15 Sek./Stufe 3** vermischen. Alles abkühlen lassen, Frischkäse und kalte Sahne hinzufügen **Stufe 3**/ so lange schlagen bis es halb steif geworden ist. Beiseite stellen. Den fertigen Teigboden/ Kompott auskühlen lassen und mit der Frischkäsemischung in den Kühlschrank stellen bis alles fest geworden ist. Auf eine Tortenplatte geben und alles mit Schokostreusel/spänen dekorieren.

ZUTATEN

MÜRBETEIG: 200 g Mehl, 100 g Butter, 1 Ei, 30 g Zucker, 1 Pr. Salz, Apfelkompott, 6 Äpfel geschält und ohne Kerngehäuse, 100 g Wasser, 100 g Zucker, 1 Zimtstange, 1 P. Vanillezucker, 1 EL Zitronensaft
GUSS: 70 g Zucker, 50 g Wasser, 2 Eigelb, 2 Blatt Gelatine (in kaltem Wasser geweicht), 200 g flüssige Sahne, 100 g Frischkäse.
ZUR DEKORATION: Schokolade

Schmalznüsse weiß und braun

ZUBEREITUNG

Schmalz, Butter, Zucker und Vanillezucker im Mixtopf **30 Sek./Stufe 3** schaumig rühren. Dann das Mehl und das Hirschhornsalz unterkneten. **3 Min./Stufe 5** .Wenn der Teig fertig geknetet ist, wird der Teig geteilt und in die eine Hälfte wird der Kakao eingearbeitet. Beide Teighälften zu Rollen formen und in Frischhalte-folie ca. ½ Stunde in den Kühlschrank legen. Danach Scheiben abschneiden und aus den Scheiben Kugeln formen, mit dem Daumen etwas zusammendrücken. Im vorgeheizten Ofen bei 175 °C Umluft ca. 15 Minuten backen.

ZUTATEN

150 g Schweineschmalz, 150 g Butter, 175 g Zucker, 1 EL Vanillezucker, 500 g Mehl, 1 TL Hirschhornsalz, 1 geh. El Kakao

Schwarz-Weiß-Gebäck 2

ZUBEREITUNG: Zucker ca. **1 Min./Turbo** pulverisieren und umfüllen. 150 g kalte Butter mit 200 g Mehl, 1 Prise Salz und 80 g Puderzucker **1 Min./Brotstufe** verkneten. Teig umfüllen, mit den Händen evtl. nochmals kurz verkneten und in Alufolie verpackt 2 Std. kühl stellen. Für den dunklen Teig Kuvertüre in Stücken bei **Stufe 9** auf das laufende Messer fallen lassen und fein mahlen. Restliche Butter, Puderzucker, Mehl und Salz zugeben und nochmals **1 Min./Brotstufe** verkneten. Teig mit den Händen nochmals kurz durchkneten und ebenfalls in Alufolie ruhen lassen. Von beiden Teigportionen jeweils ein Stück abschneiden und getrennt auf einer bemehlten Arbeitsfläche ca. 2 mm dünn ausrollen. Eine Teigplatte mit verquirltem Eiweiß bestreichen, mit der anderen Teigplatte belegen und zu einer Rolle formen. Oder für ein Schachbrettmuster aus dem dunklen und hellen Teig rechteckige Stränge formen, diese mit Eiweiß bestreichen und schachbrettartig zusammensetzen. Die Rollen nochmals im Kühlschrank sehr fest werden lassen – am besten über Nacht, oder einfrieren-. Aus den Rollen ca. ½ cm dicke Scheiben schneiden und auf ein mit Backpapier ausgelegtes Blech legen. Gebäck bei 180 °C ca. 10 Min. hellgelb backen und anschließend auf dem Blech etwas auskühlen lassen.

ZUTATEN

160 g Zucker, 300 g Butter, 400 g Mehl, 2 Pr. Salz, 50 g Kuvertüre oder 30 g Kakaopulver, 1 Eiweiß

Springerle

ZUBEREITUNG

Teig im Mixtopf vermischen **3 Min./Stufe 4**. Außerdem: 2 EL Anissamen (werden auf das Backblech gestreut, können aber auch weggelassen werden). Die Springerle müssen über Nacht auf dem Backblech trocknen und werden am nächsten Tag gebacken ca. 10 bis 15 Min./175 °C.

ZUTATEN

TEIG: 2 Eier, 250 g Zucker, 2 P. Vanillezucker, 1 Pr. Salz, 250 g Mehl, 1 Msp. Hirschhornsalz

Springerle 2

ZUBEREITUNG: Zucker, Vanillezucker und Eier **15 Min./ Stufe 2** rühren. Mehl und Hirschhornsalz mit dem Spatel auf **25 Sek./Stufe 6** unterrühren und **3 Min./Knetstufe**. Auf bemehltem Backbrett ca. 1 cm dick ausrollen und mit der Springerle-Rolle über die Teigplatte rollen. Die Stücke mit dem Pizzaschneider trennen. Die Springerle auf ein mit Anis bestreuten Back-blech (mit Backpapier) geben und 24 Std. offen im warmen Zimmer trocknen lassen. Im vor geheizten Backofen bei 150 °C ca. 30 Min backen.

ZUTATEN

2 kleine Eier, 200 g Zucker, 1 P. Vanillezucker, 250 g Mehl, 1 Msp. Hirschhornsalz, 1 - 2 EL Anis

S-Kekse

ZUBEREITUNG

Alle Zutaten bei **Stufe 6** zu einem glatten Teig verarbeiten. Danach
1 – 1,5 Std. kalt stellen. Teig noch mal durchkneten und kleine Kugeln
abrupfen, rollen und zu einem S formen. Mit Eiweiß bestreichen und mit
Hagelzucker bestreuen. Bei 180 °C 15-18 Min. backen.

ZUTATEN

400 g Mehl, (405 oder 550), 250 g Butter, 120 g Zucker, 1 Ei, 1 Eigelb.
ZUM BESTREICHEN: 1 Eiweiß, Hagelzucker

Schokoladen-Gewürz-Kuchen

ZUBEREITUNG

Margarine, Zucker und Eier schaumig rühren und dann die restl. Zutaten
hinzufügen. **Stufe 5-6 ca. 3 Min.** mischen. Teig in eine Springform füllen
und bei 180 °C ca. 1 Std. backen. Für den Gruß nimmt man Puderzucker
und 1 ausgepresste Zitrone.
Anmerkung: Für ein Kuchenblech einfach die Zutaten verdoppeln.

ZUTATEN

150 g Margarine, 5 Eier, 240 g Zucker, ¼ l Milch, 1-2 P. Backpulver,
1 TL Zimt, 1 TL Nelkenpulver, 1 TL Lebkuchengewürz,
1 Msp. Muskat, 200 g Raspelschokolade, 300 g Mehl

Schokoladen-Mandel-Sterne

ZUBEREITUNG: Mandeln **1 Min./Turbo** mahlen. Blockschokolade **10 Sek./Turbo** mahlen. Ei, Eigelb und
Zucker auf **2 Min./Stufe 4** schaumig rühren. Blockschokolade und Mandeln hinzufügen und auf **Stufe 4**
einen Knetteig herstellen. Auf einer mit etwas Zucker bestreuten Arbeitsplatte ca. 1cm dick ausrollen und
Sterne ausstechen. Auf ein Backblech legen (mit Backpapier oder Silikonmatte). Eiweiß mit Puderzucker
verrühren und auf die Sterne streichen. 2 Stunden trocknen lassen. Elektroherd auf 150 °C vorheizen, 15 - 18
Min. backen.

ZUTATEN

1 Ei und 1 Eigelb, 250 g Zucker, 60 g Blockschokolade, 240 g Mandeln, Vanillezucker
FÜR DIE GLASUR: 1 Eiweiß, 100 g Puderzucker

Stollen vom Blech

ZUBEREITUNG: Aus diesen Zutaten (geteilte Zutaten) 2-mal einen Hefeteig herstellen. (**3 Min./Brotstufe**)
Den Teig auf die Arbeitsplatte geben. Die eingeweichten 500 g Rosinen je 200 g gewürfeltes Zitronat und
Orangeat von Hand in den Teig einkneten. Den Teig in eine gefettete Fettpfanne streichen (der Teig ist relativ
weich) Gut ¾ Stunde gehen lassen bei 180-200 °C ca. 50 Min. backen. 100 g Butter schmelzen und über den
heißen Stollen streichen. 2 Vanillezucker mit 100 g Zucker mischen und darüber streuen. Nach dem Abkühlen
vierteln und mindestens 1 Woche in Alufolie durchziehen lassen.

ZUTATEN

500 g Rosinen in 125 ml Rum einweichen (ca. 1 Stunde), 1 kg Mehl, 2 P. Trockenhefe, ½ l Milch,
150 g Zucker, 1 TL Salz, 1 TL Zimt, 1 TL Kardamom, 500 g Butter flüssig, 300 g gehackte Mandeln

Weihnachtliches Backen

Spekulatius

ZUBEREITUNG: Butter mit den Gewürzen **Stufe 3** schaumig rühren. Dann Zucker, Eier, Mehl und Backpulver zufügen und **1 Min./Stufe 6** vermengen, anschließend Mandeln **Stufe 2** hinzufügen. Kekse herstellen und bei 175 °C ca. 8 -10 Min. backen.

ZUTATEN

300 g Mehl, 200 g Butter, 2 Eier, 125 g Zucker, 100 g Mandeln, 2 TL Zimt, 1 TL Lebkuchengewürz, 1 P. Muskatnuss oder Kardamom, ½ TL Backpulver

Spekulatiustorte

ZUBEREITUNG

Spekulatius auf **Turbo** mahlen und umfüllen. Für den Biskuit Eier, Zucker, heißes Wasser in den Mixtopf geben und **10 Min./40 °C oder 37 °C/Stufe 3** schaumig schlagen. Schokopudding bis auf 100 g mit Mehl auffüllen. Spekulatius, Backpulver nach Ablauf der Zeit zugeben und ganz kurz **Stufe 2** unterheben (an und aus Stellen) 175 °C ca. 20 Min. backen. Noch warm mit Amaretto beträufeln (nach Geschmack) Für den Belag: Schlagsahne auf **Stufe 2** mit Rühraufsatz im gut gekühlten Topf fast steif schlagen, dann Paradiescreme Zitrone od. Karamell dazugeben und fertig schlagen. Die Sahne ist gut, wenn Konturen am Rand (Rettungsring) sichtbar sind. Die Creme auf dem Boden verteilen und mit 20 g gem. Spekulatius und Zimt und Zucker bestreuen.

ZUTATEN

80 g Spekulatius
BISKUIT: 3 Eier, 100 g Zucker, 2 EL heißes Wasser, 1 P. Schokopudding, Mehl auffüllen, 60 g gem. Spekulatius, ¼ P. Backpulver, Amaretto
BELAG: 400 g Schlagsahne, 1 P. Paradiescreme Zitrone od. Karamell
DEKO: 20 g gem. Spekulatius, Zimt, Zucker

Schokoglasur

ZUBEREITUNG

Zucker, Schokolade in grobe Stücke in den Mixtopf geben und **1 Min./Turbo** zerkleinern. Butter und Wasser dazugeben und **2 Min./50 °C/Stufe 2** zu einem Guss verarbeiten. Der Guss kann nach Belieben für alle Kuchen verwendet werden.

ZUTATEN

100 g Zucker, 80 g Schokolade, 30 g Butter, 1 EL Wasser

Schneeflöckchen

ZUBEREITUNG: Zucker auf **Turbo** staubfein mahlen, Speisestärke, Mehl, Salz, Vanillezucker, Butter in kleinen Stücken auf der **Teigstufe ca. 20 Sek.** zu einen glatten Teig verrühren. Dann zu kleinen Kugeln formen und auf ein Backblech legen und dann mit einer ins Mehl getauchten Gabel eindrücken. Bei 180 °C ca. 12 – 18 Min backen (Plätzchen müssen noch gelb sein!) Die abgekühlten Plätzchen mit Puderzucker bestäuben.

ZUTATEN

100 g Zucker, 200 g Speisestärke,, 130 g Mehl,, 1 Pr. Salz, 1 P. Vanillezucker, 250 g Butter

Schokoladeschaumtorte

ZUBEREITUNG

Eier und Kristallzucker **2 Min./50 °C/Stufe 3** aufschlagen, Mehl und Kakao unterheben, Öl durch die Öffnung füllen auf **3-5 Min./Stufe 4** verkneten. In eine Tortenform füllen und bei 180 °C ca. 35-40 Minuten backen. Mit Kristallzucker bestreuen, stürzen und abkühlen lassen. Einmal durchschneiden. Nur eine Hälfte wird gebraucht, die andere einfrieren. **Für die Creme:** Sahne mit Schmetterling steif schlagen und kaltstellen. Ei und Dotter mit Kristallzucker, Vanillezucker und Salz cremig rühren (Stufe 3). Schokolade schmelzen, mit 1/3 der Eimasse, 1/3 Sahne, Kaffee und Weinbrand verrühren. Restliche Sahne und Creme unterziehen. Tortenboden mit Konfitüre bestreichen. Creme darauf häufen und glatt streichen, im Kühlschrank 2-3 Stunden kaltstellen. Mit steifer Sahne einstreichen und mit Schokoladespänen bestreuen.

ZUTATEN

TORTENBODEN: 5 Eier, 150 g Zucker, 100 g Mehl, 30 g Kakao, 40 g Öl
SCHOKOLADECREME: 1 EL Zucker, 2 Eigelb, 1 Ei,
1 TL Vanillezucker, Salz, 180 g Schokolade, 1 Schuss Weinbrand,
1 EL starker, schwarzer Kaffee, 300 g Sahne.
DEKORATION: 150 g Sahne, 60 g Schokoladespäne, Zucker,
50 g Ribiselkonfitüre (Johannisbeere)

Stollenkonfekt

ZUBEREITUNG: Mandeln und Nüsse, im Mixtopf grob hacken. Umfüllen. Getrocknete Aprikosen, Zitronat, Orangeat im Mixtopf bis zum gewünschten Feinheitsgrad auf **Turbo** mahlen. Zu den Nüssen geben. Butter, Zucker, Eier ca. **40 Sek./Stufe 7** schaumig rühren. Quark, geriebene Zitronenschale, Vanillezucker, Rumrosinen, Mehl, Backpulver, Nüsse, Zitronat etc. zugeben und mit der **4 Min./Knetstufe** kneten. Den Teig in kleine Silikonformen geben oder einfach kleine Häufchen auf eine Backfolie setzen und ca. 10- 15 Minuten backen bei 180 °C Umluft. Nach dem Abkühlen mit Puderzucker bestreuen. Der Teig kann auch komplett als Stollen geformt werden oder in einer Stollenbackform gebacken werden. Hier beträgt die Backzeit dann ca. 45 Minuten.

ZUTATEN

50 g Mandeln, 50 g Nüsse, 50 g getrocknete Aprikosen, 50 g Zitronat, 50 g Orangeat, 150 g weiche Butter, 150 g Zucker, 2 Eier, 250 g Quark, 1 TL geriebene Zitronenschale, 1 P. Vanillezucker, 100 - 125 g Rumrosinen, 500 g Mehl, 1 P. Backpulver

Schoko-Kekse

ZUBEREITUNG

Die Schokolade in kleine Stücke schneiden. Butter, Zucker und Vanillezucker schaumig rühren **1 Min./Stufe 3-4**. Eier dazu geben und nochmals kurz unterrühren. Die restlichen Zutaten außer der Schokolade dazu geben, alles **1 Min./Brotstufe** kurz kneten. Schokolade zufügen und kurz im **LL** unterrühren. Den Ofen auf 190 °C vorheizen. Backblech mit Backpapier auslegen. Aus dem Teig etwa 4 cm große Bällchen formen und mit etwa 5 cm Abstand auf das Backblech legen. Die Kekse auf der mittleren Schiene etwa 10 Min. goldgelb backen. In eine Keksdose füllen damit sie länger halten.

ZUTATEN

400 g Mehl, 1 TL Natron, 1 TL Salz, 400 g Zartbitterschokolade, 220 g weiche Butter, 300 g Zucker, 1 EL Zuckerrübensirup, 2 Eier, 1 P Bourbon Vanillezucker

Schneller Tortenboden

ZUBEREITUNG
Alle Zutaten **15 Sek./Stufe 4** verrühren. Tortenbodenform mit Backspray besprühen, mit Semmelbröseln ausstreuen. Teig einfüllen, mit Spatel verteilen und dann **15-20 Min./200 °C** Ober-/Unterhitze backen.
Tipp: Ein Durchweichen des Bodens verhindert man, indem man den Boden mit geschmolzener Schokolade oder Vanillesoße (nur Hälfte der Milch benutzen) bestreicht. Nach dem Erkalten dann mit Obst belegen und mit Tortenguss überziehen.

ZUTATEN
100 g Zucker, 1 P. Vanillezucker, 3 Eier, 40 g Sonnenblumenöl,
20 g Weinessig, 150 g Mehl 405, 1 P. Backpulver

Schokoladenspritzgebäck

ZUBEREITUNG: Nüsse auf **Stufe 10** mahlen, umfüllen. Eier, Butter und Zucker 2x **30 Sek./Stufe 4** rühren. Übrige Zutaten zugeben, mit Hilfe des Spatels auf **Stufe 4-5** verrühren. Masse in einen Spritzbeutel füllen, auf ein gefettetes Backblech kleine Kränzchen-Spritzen. Im vorgeheizten Backofen **10-15 Min./170-180°C** backen, auskühlen lassen, mit Schokoladenglasur überziehen und evtl. bunt dekorieren.

ZUTATEN
150 g Butter, 200 g Zucker, 6 Eier, 400 g Mehl Type 405, 1 gestr. EL Backpulver, 30 g Kakaopulver,
200 g Haselnüsse, Außerdem: 200 g Schokoladen Glasur

Schoko-Orangen- Happen

ZUBEREITUNG
Nüsse auf **Stufe 10** fein mahlen, umfüllen. Butter, Zucker und Orangeback **30 Sek./Stufe 3** verrühren, auf **Stufe 2** nacheinander Eier durch die Deckelöffnung geben. Milch mit Schokopudding verrühren, auf **Stufe 3** zugeben. Mehl, Backpulver, Nüsse und Orangeat auf **Stufe 5** mit Hilfe des Spatels unterrühren Teig auf gefettetes Backblech geben, im vorgeheizten Backofen 30 Min./180 °C backen, auskühlen lassen. Kuchen in kleine Quadrate schneiden, Kuvertüre schmelzen, in einen Gefrierbeutel geben, eine Ecke abschneiden, Kuchen streifenförmig überziehen, Pistazien und Schokoherzen darauf dekorieren

ZUTATEN
250 g Butter weich, 200 g brauner Zucker, 1 Beutel Orangeback, 5 Eier
150 g Mehl, 1 P. Backpulver, 100 g Haselnüsse, 200 g Orangeat,
1 P. Schokoladenpuddingpulver, 125 ml Milch, 150 g weiße Kuvertüre,
1 Beutel Pistazien, 1 P. Schoko-Dekor Herzen (hell und dunkel)

Schokoladenplätzchen

ZUBEREITUNG

Schokolade auf **Stufe 10** hacken, umfüllen. Alle anderen Zutaten im Mixtopf **30 Sek./Stufe 6** zu Mürbeteig verarbeiten, abschließend Schokolade kurz auf **Stufe 4** unterrühren, kalt stellen. 3 cm Rollen aus dem Teig formen, ½ cm dicke Scheiben abschneiden, auf ein gefettetes Backblech legen und im vorgeheizten Backofen 15 Min./180 °C backen, mit Puderzucker bestäuben.

ZUTATEN

200 g Mehl 405, 60 g Speisestärke, 1 TL Backpulver, 100 g Zucker, 1 P. Vanillezucker, 1 Ei, abgeriebene Schale einer Orange, 120 g Butter, 100 g Schokolade

Schokobrötchen mit Zimt

ZUBEREITUNG: Alle Zutaten außer Schokotröpfchen in den Mixtopf geben, **3 Min./Brotstufe** kneten. Teig in Schüssel umfüllen, 1 Std. gehen lassen, gut durchkneten, Rolle formen, Teigstücke abschneiden. Teigstücke kurz ausrollen, die Schokotröpfchen leicht eindrücken, wieder aufrollen, zu einer Kugel formen 15-20 Min. / 200 °C backen.

ZUTATEN

250 ml Milch, 1 Würfel Hefe, 80 g Zucker, 1 P. Vanillezucker, 500 g Mehl, 1 TL Salz, 30 g Öl, 1 Ei, 2 TL Zimt, 2 P. Schokotröpfchen

Teegebäck

ZUBEREITUNG

Alle Zutaten in den Mixtopf geben und **2 Min./Brotstufe** einen Teig herstellen. Plätzchen ausstechen oder Gebäckpresse nutzen. 175 °C 15 Min. hell backen.

ZUTATEN

180 g Butter, 100 g Puderzucker, 200 g Mehl (Type 405), ½ P. Backpulver, 3 Tropfen Mandelöl, abgeriebene Zitronenschale

Tante Rosi's „Ausstecherle"

ZUBEREITUNG: Alle Zutaten in den Mixtopf füllen und **1-2 Min./Stufe 4** mixen. Teig über Nacht ruhen lassen. Anschließend ausrollen und mit dem Plätzchen – Puzzle Sterne, Herzen und Blumen (Tupper) ausstechen. Eigelb mit flüssigem Kaffee verrühren. Die Plätzchen damit bestreichen. Auf ein gefettetes Backblech legen und 10 Min. bei 180 °C backen.

ZUTATEN

250 g Butter, 200 g Zucker, 2 Eigelbe, 1 ganzes Ei, 500 g Mehl, 1 unbehandelte Zitrone, 1 Eigelb, 1 TL flüssiger Kaffee

Terrassen

ZUBEREITUNG: Alle Teigzutaten in den Mixtopf geben und **3 Min./Brotstufe** verkneten. 1 Stunde kalt stellen. Teig 2-3 mm dünn ausrollen, in drei oder vier Größen runde gezackte Plätzchen ausstechen und auf ein mit Backpapier ausgelegtes Backblech legen.
Backen: E-Herd 180-200 °C/, HL-Herd 170-180 °C; 8-10 Minuten. Die erkalteten Plätzchen mit Gelee bestreichen, zu Terrassen aufeinander setzen und mit Puderzucker bestäuben.

ZUTATEN
TEIG: 250 g Mehl, 150 g kalte Butter oder Margarine, 60 g Feinster Zucker, 1 Ei, 1 EL Rum
ZUM BESTREICHEN UND BESTÄUBEN: Himbeergelee, Puderzucker

Tiramisu- Torte weihnachtlich

ZUBEREITUNG: Rühraufsatz einsetzen! Für den Biskuit Eier u. Zucker in den Mixtopf geben und **3 Min./50 °C/Stufe 3** schaumig schlagen. Mehl, Backpulver, Kakao - mischen und **5-6 Sek./Stufe 2** unterrühren Die Masse sofort in eine vorbereitete Springform geben und im vorgeheizten Backofen bei 175 °C ca. 20 Min. backen (Ober- u. Unterhitze) zum Tränken: Milch, Zucker, Kakao - kurz aufkochen **3 Min./Stufe 1**. Nun starken Kaffee und Amaretto zu der gekochten Milch geben. Mit der Hälfte der Flüssigkeit den Tortenboden nach dem Abkühlen tränken. für die Creme: Frischkäse, Schmand, Magerquark, Zucker, Amaretto **20 Sek./Stufe 3** zu einer Creme verrühren. Sahne, Sahnesteif **2 Min./Stufe 2,5** steif schlagen und unter die Creme heben. Die Hälfte der Creme auf den getränkten Tortenboden verteilen und mit Löffelbiskuit belegen. Diese mit der restlichen Flüssigkeit tränken und mit der restl. Creme bestreichen. Die Torte kühl stellen und kurz vor dem Servieren mit Kakao – Zimt-Zucker bestäuben.

ZUTATEN
BISKUIT: 2 Eier, 100 g Zucker, 100 g Mehl, 1 gestr. TL. Backpulver, 1 gestr. El. Kakao
TRÄNKEN: 100 ml Milch, 1 EL Zucker, 1 EL Kakao, 75 ml starker Kaffee, 1 EL Amaretto
CREME: 100 g Frischkäse, 150 g Schmand, 125 g Magerquark, 50 g Zucker, 1 EL Amaretto, 250 ml Sahne, 1 P. Sahnesteif, 100 g Löffelbiskuit
DEKO: Sternenschablone, Kakao, Zimt, Zucker

Tobis-Brownies

ZUBEREITUNG
Kuvertüre grob hacken **Stufe 6** und zusammen mit der Butter **Stufe 2/ 50 °C** schmelzen. Backofen auf 180 °C, Umluft 160 °C, Gas Stufe 3 vorheizen. Zucker, Eier, Mehl und die Kuvertüre-Butter-Mischung im Mixtopf **Stufe 4/40 Sek.** Pyramiden-Schokolade vorher im Mixtopf auf **Turbo** fein hacken und zusammen mit den Mandeln unter den Teig rühren. Teig in eine 25 x 32 cm große, mit Backpapier ausgelegte Backform oder ofenfeste Form mit Rand füllen und etwa 35 Min. backen. Brownies in der Form vollständig abkühlen lassen, anschließend auf ein Brett stürzen. In etwa 2,5 x 2,5 cm große Stücke oder Dreiecke schneiden.

ZUTATEN
400 g Zartbitter-Kuvertüre, 180 g Butter, 300 g Zucker, 3 Eier,
250 g Mehl, 150 g Pyramiden-Schokolade, 125 g gehackte Mandeln

Thüringer Muskuchen

ZUBEREITUNG

Teigzutaten in den Mixtopf geben. Alles **2 Min./Brotstufe** rühren lassen. Den Teig aus dem Mixtopf nehmen und eine Hälfte auf einem Blech dünn ausrollen. Füllungszutaten im Mixtopf **Stufe 2** rühren: Masse auf dem ausgerollten Teig verstreichen. 2. Teighälfte dünn ausrollen und darüber legen. Mit einem Eigelb bepinseln und ca. 45. Min bei 180 °C backen. Nach dem Auskühlen noch mit Puderzucker bestäuben

ZUTATEN

TEIG: 500 g Mehl, 30 g Hefe, 2 Eier, 2 EL Zucker, 2 EL Milch, 2 EL Rum, 300 g Margarine
FÜLLUNG: 1,5 Gläser Pflaumenmus, 1 EL saure Sahne, 1 EL Schoko-Pudding-Pulver, 1 Schuss Rum, 1 TL Zimt, 1 Beutel gehackte Mandeln 1 Eigelb zum Bepinseln, Puderzucker zum Bestreuen

Vanille- oder S-Gebäck

ZUBEREITUNG: Alle Zutaten in den Mixtopf füllen und **2 Min./Teigstufe** verarbeiten. Ausrollen und Formen ausstechen. Im vorgeheizten Backofen bei 175 °C ca. 15 Min. backen.

ZUTATEN

250 g Mehl, 200 g Butter, 1 Ei, 80 g Puderzucker, 2 P. Vanillezucker, 2 TL Backpulver, Zitronenschale gerieben

Vanillegebäck II

ZUBEREITUNG: Nüssen in den Mixtopf füllen und auf **Stufe 6** zerkleinern. Restl. Zutaten hinzufügen und ca. **30 Sek./Stufe 4** mischen. Plätzchen ausstechen oder Gebäckpresse nutzen. 175 °C 15 Min. hell backen

ZUTATEN

80 g fein gem. Nüsse, 200 g Butter, 100 g Puderzucker, 200 g Mehl, 2 Eigelb, 2 P. Vanillezucker, 2 TL Backpulver

Vanillekipferl

ZUBEREITUNG

Zucker in den Mixtopf geben und **20 Sek./Turbo** zu Puderzucker verarbeiten, umfüllen. Mandeln in den Mixtopf geben und **15 Sek./Stufe 6** zerkleinern. Puderzucker, Butter, Eigelb, Salz und Vanille zugeben und **10 Sek./Stufe 6** vermischen. 200 g Mehl zugeben und **10 Sek./Stufe 6** vermischen. 180 g Mehl zugeben und weitere **10 Sek./Stufe 6** einen Teig herstellen. Den Teig ca. 5 cm dick rollen und über Nacht in den Kühlschrank stellen. Von den Rollen jeweils ½ cm dicke Scheiben abschneiden zu einer Rolle formen und zu Kipferln biegen. Auf einem gefetteten Backblech bei 190 °C ca. 10 Min. backen.

ZUTATEN

120 g Zucker, 200 g Mehl, 230 g abgezogene Mandeln, 180 g Mehl, 230 g weiche Butter in Stückchen, 3 Eigelb, 1 Pr. Salz, ½ TL Vanille

Vanillekipferl Annemarie

ZUBEREITUNG

Mandeln oder Haselnüsse **Turbo** zerkleinern, ca. **10 Sek.** Weizenmehl, Backpulver, Zucker, Wasser, Butter nach Bedarf ca. **20 Sek./Stufe 3-4** zu einem Teig verarbeiten. Eventuell auf der Arbeitsplatte etwas nachkneten. Den Teig ca. 30 Min. kühl stellen. Vom Teig mit einem Teelöffel Portionen abstechen und ca. 5 cm lange Rollen formen. Am Ende etwas dünner. Zu Hörnchen formen und aufs Backblech legen. Bei ca. 180 °C hellgelb backen, das dauert ca. 10 Minuten.

ZUTATEN

70 g Mandeln oder Haselnüsse, 250 g Weizenmehl Type 405,
1 TL Backpulver, 70 g Zucker, 3 EL Wasser, 100 – 200 g Butter nach Bedarf

Winterplätzchen

ZUBEREITUNG: Alle Zutaten in den Mixtopf füllen und **1 Min./Stufe 3** verkneten. Plätzchen herstellen und diese dann bei ca. 175°C 15 – 20 Min. backen. Nach dem Backen mit Eiweiß bestreichen und mit Hagelzucker bestreuen.

ZUTATEN

125 g Butter, 100 g Zucker, 1 Ei, 50 g fein gem. Mandeln, 250 g Mehl, 1 P. Vanillezucker

Weinringe

ZUBEREITUNG

Alle Zutaten in den Mixtopf geben und **2-3 Min./Brotstufe** kneten. Teig mind. 1 Std. kalt stellen, anschließend ausrollen. Mit dem Becher und einem Wichtel oder den kleinen Förmchen vom Plätzchen-Puzzle (Tupper)Ringe ausstechen. Mit Eigelb bestreichen und mit Zucker bestreuen. Ca. 15 Min. bei 175 °C backen.

ZUTATEN

200 g Butter, 300 g Zucker, 1 Ei, 1 Pr. Salz, 100 ml Weißwein, 500 g Mehl,
Eigelb zum Bestreichen, Zimtzucker, Hagelzucker oder bunter Zucker

Winterapfelzimtkuchen vom Blech

ZUBEREITUNG

Butter, Zucker, Vanille- Zucker, Eier und Marzipan in den Mixtopf geben **2 Min./Stufe 4-5** verrühren. Dann Mehl und Backpulver dazugeben und nochmals **2 Min./Stufe 4 - 5** rühren. Kurz mit dem Spatel die Rumrosinen unterheben. Die Masse auf eine mit Backpapier ausgelegte Fettpfanne verteilen. Die Äpfel schälen, entkernen und in dünne Spalten schneiden und im Varoma® für **15 Min./Varoma**® dünsten. Die Äpfel auf dem Teig verteilen. Jetzt die Walnüsse auf **Turbo** je nach Wunsch zerkleinern und darüber streuen. Auf Ober - und Unterhitze bei 170 °C ca. 50 Minuten Backen. Je nach Wunsch auf den warmen Apfelkuchen Zimt und Zucker streuen. Kann auch gut mit heißer Vanille-Sauce und Eis gegessen werden.

ZUTATEN

380 g Butter, 380 g Zucker, 1 P. Vanillezucker, 6 Eier, 50 g Marzipan, 380 g Mehl, 3 TL Backpulver,
100 g Rumrosinen, 1 kg Äpfel (Boskop), 100 g Walnüsse, Zimt und Zucker

Winterapfelwaffeln

ZUBEREITUNG

Alle Zutaten außer die Äpfel in den Mixtopf geben und **10 Sek./Stufe 5** vermischen. Die Äpfel schälen, entkernen, in Stücke schneiden und durch die Deckelöffnung zugeben und ca. **7-10 Sek./Stufe 4** unter den Teig rühren. Im Waffeleisen ausbacken und mit Puderzucker und Zimt bestreut servieren.

ZUTATEN

150 g weiche Margarine, 200 g Zucker, 4 Eier, 250 g Speisestärke,
1 Pr. Salz, 1 TL Zimt, 1 TL gem. Nelken, 2 Winter-Äpfel

Weihnachtsblechkuchen mit Buttermilch

ZUBEREITUNG

Alle Zutaten im Mixtopf vermischen (**2 Min./Stufe 5**) Teig auf ein gefettetes Backblech geben (ist sehr flüssig). Zucker, Zimt, Nüsse oder auch Kokosflocken mischen und über den Teig streuen. Bei 180 °C ca. 20-30 Min. Backen. Flüssige Butter über den noch warmen Kuchen verteilen.

ZUTATEN

TEIG: 4 Tassen Mehl, 3 Tassen Zucker, 1 EL Lebküchengewürz,
1 P. Backpulver, 2-3 Eier, 2 Tassen Buttermilch, 1 P. Vanillezucker
ZUM BESTREUEN: 1 Tasse Zucker, 1 TL Zimt,
1 Tasse Nüsse oder auch Kokosflocken
TRÄNKEN: 150 g flüssige Butter

Weihnachts - Muffins

ZUBEREITUNG: Teigzutaten bis Kokosflocken im Mixtopf **40 Sek./Stufe 5** vermengen. Orangensaft, Mehl, Stärke, Backpulver zugeben und nochmals **15 Sek./Stufe 3** gut vermengen. Das Ganze 15 Min stehen lassen. Dann zu 2/3 in die Förmchen füllen und bei 180 °C ca. 20 Min. backen.

ZUTATEN

TEIG: 0,25 l Raps Kernöl, 150 g Zuckerrübensirup, 100 g Zucker, 2 P. Vanillezucker, 6 Eier, 1 Pr. Salz,
abgeriebene Schale einer Zitrone, 2 TL abgeriebene Orangenschale, 2 TL Zimt, 1 TL Lebkuchengewürz,
75 g gemahlene Mandeln, 75 g Kokosflocken, Saft von 2 Orangen, 400 g Mehl, 200 g Stärke, 1 ¼ Backpulver

Weihnachtliche Mandelsplitter

ZUBEREITUNG: Gestiftelte Mandeln in einer Pfanne ohne Fett goldgelb geröstet, abkühlen lassen. Vollmilch- kuvertüre im Mixtopf kurz **Stufe 5** hacken und bei 37 °C schmelzen lassen, Orangenschalen, Lebkuchengewürz und Orangeat ganz klitzeklein gehackt (n i c h t im Mixtopf - die Menge ist zu wenig!!!) hinzugeben und zusammen mit den Mandeln und Cornflakes mit der Schokolade **10 Sek./LL/Stufe 1** mischen Ca. 35 Mandelhäufchen

ZUTATEN

200 g gestiftelte Mandeln, 300 g Vollmilchkuvertüre, 1 TL gemahlene Orangenschalen,
½ TL Lebkuchengewürz, ca. 50 g Orangeat, Cornflakes (Menge nach Geschmack)

Winterlicher Birnenkuchen

ZUBEREITUNG

Die Birnen schälen, halbieren u. das Kerngehäuse entfernen. Aus den Zutaten im Mixtopf **20 Sek./Stufe 4** einen Rührteig herstellen. Etwa 2/3 des Teiges in eine Springform füllen. Birnen hineindrücken u. den restlichen Teig darüber geben. Im vor geheiztem Backofen ca. 60 Min. bei 190-200 °C backen.

ZUTATEN

150 g Butter, 150 g Zucker, 3 Eier, 300 g Mehl, 3 TL Backpulver, 1/8 l Milch, 100 g zerbröckelte Schokolade, 1 EL Kakao, 4 EL Köllnflocken, 1 EL Rum, 1 TL Zimt u. Muskat, 1 kg weiche Birnen

Weihnachtswolke – ein süßer Traum

ZUBEREITUNG: Aprikosen und Vollmilchkuvertüre kurz bei **Turbo** zerkleinern, wegstellen. Die Eier trennen und Eiweiß **1 Min./Schmetterling/Stufe 3** steif schlagen und dann 30 g Zucker langsam in weiteren **2 Min.** unter weiter schlagen einrieseln lassen. Beiseite stellen. Marzipan und Milch **10 Sek./Stufe 5** glatt rühren, Schmetterling einsetzen und dann Eigelb zugeben und **30 Sek./Stufe 3** schaumig rühren, dann 70 g Zucker zugeben und **1 Min./Stufe 3** glatt rühren. Das Marzipan darf keine Klumpen mehr haben. Mandeln, Aprikosen und Schokolade auf **Stufe 1** hinzufügen und mit Hilfe des Spatels den Eischnee unterheben. Alles auf ein mit Backpapier ausgelegtes Blech streichen und die entkernten Datteln in Scheiben geschnitten drauflegen und leicht eindrücken. Bei 200 °C ca. 20-25 Minuten backen. Dann auskühlen lassen. Dann den Backofen auf 250 °C aufheizen, erst dann die 4 Eiweiß **2 Min./Stufe 3** mit dem Schmetterling steif schlagen und dann das Kartoffelmehl zugeben und noch **1 Min.** weiterrühren. Auf das Blech gleichmäßig auftragen und mit einem Esslöffel Dellen in den Teig machen. In den Ofen und 5-8 Minuten goldbraun überbacken. Ausgekühlt in Schnitten schneiden und zugedeckt aufbewahren.

ZUTATEN

TEIG: 4 Eier getrennt, 100 g Marzipanrohmasse, 1 EL Vollmilch, 70 g Zucker,. 30 g Zucker, 1 P. Vanillezucker, 1 Pr. Salz, 70 g Mehl, 30 g Mandelplättchen, 50 g Orangeat oder getr. Aprikosen, 50 g Vollmilchkuvertüre, 10 Stück Datteln
BELAG: 4 Eiweiß, 300 g Puderzucker, 1 EL Kartoffelmehl

Würzige Mandelplätzchen

ZUBEREITUNG

Mandeln in den Mixtopf geben und **30 Sek./Stufe 4** zerkleinern und umfüllen. Butter, Zucker, Eier und Gewürze in den Mixtopf geben und **40 Sek./Stufe 3** verrühren. Mehl und Backpulver zugeben und **20 Sek./ Stufe 6** unterrühren. Kleine Häufchen auf ein mit Backpapier ausgelegtes Backblech setzen und backen. Die Plätzchen mit Mokkaglasur bestreichen.

ZUTATEN

140 g Mandeln, 80 g weiche Butter in Stücken, 120 g Zucker, 2 Eier, 1 Fl. Vanille - Aroma, 1 TL Nelken, ½ TL Zimt, ½ TL Kardamom, 250 g Mehl, 1 TL Backpulver

Winterbrot

ZUBEREITUNG

Weizen auf **2 x Turbo** mahlen, umfüllen. Kartoffeln in Schale kochen, pellen, erkalten lassen. Apfel schälen, entkernen, auf **Stufe 5** zerkleinern, Kartoffeln zugeben auf **Stufe 4** zerkleinern. Übrige Zutaten zugeben und **3 Min./Teigknetstufe** mit Spatel verarbeiten. In einer geschlossenen Schüssel 1 ½ Std. gehen lassen, auf 2 Kastenkuchenformen füllen, ½ Std. gehen lassen. Brot oben anfeuchten und mit Sonnenblumenkernen bestreuen, 60 Min./220 °C backen. 2 Kastenformen

ZUTATEN

500 g Weizen, 500 g mehlig kochende Kartoffeln, 1 säuerlichen Apfel, 500 g Weizenvollkornmehl, 1 Würfel Hefe, 200 ml Milch, 200 ml Wasser, 3 EL weiche Butter, 1 geh. TL Salz, 150 g Sonnenblumenkerne

Walnussbrot mit Zimt

ZUBEREITUNG

Roggen und Weizen **2 Min./Turbo** fein mahlen, umfüllen. Buchweizen **1 Min./Turbo** fein mahlen. Alle Zutaten in zwei Vorgängen je **3 Min./Brotknetstufe** kneten. Kurz vor Ende der Knetzeit je 100 g Walnüsse, evtl. noch etwas Wasser zugeben. Teig in 2 kleine oder 1 große Kastenform füllen, im kalten Backofen 40-50 Min./225 °C backen 2 Kastenformen

ZUTATEN

200 g Roggen, 500 g Weizen, 250 g Buchweizen, 300 g Mehl 405, 1 Würfel Hefe, 2 TL Salz, 2 EL Honig, 1 l lauwarmes Wasser, 200 g Walnusskerne, 2 TL Zimt

Zitronenkuchen mit Zimtglasur

ZUBEREITUNG: Margarine, Zucker, Vanillezucker (**Schmetterling einsetzen**) ca. **2 Min./Stufe 3** schaumig rühren, Zitronenschale und Eier nach und nach dazugeben und weiterrühren. Mehl mit Backpulver mischen und unterheben (auch **Stufe 3**). Den Rührteig auf ein mit Backfolie ausgelegtes Blech streichen und im vor geheizten Backofen bei 175 °C ca. 20 Min. backen. Puderzucker mit Zitronensaft und Zimt glatt rühren und den noch warmen Kuchen damit bestreichen. Nach dem Abkühlen in Stücke schneiden.

ZUTATEN

TEIG: 350 g Margarine, 350 g Zucker, 1 P. Vanillezucker, abger. Schale von 2 unbehandelten Zitronen, 6 Eier, 350 g Mehl, 3 gestrichenen TL Backpulver
GLASUR: 200 g Puderzucker, 4 EL Zitronensaft, 3 TL Zimt

Zimtschnecken

ZUBEREITUNG: Butter oder Margarine, Milch, Hefe oder Trockenhefe, Zucker, Salz, Kardamom, in den Mixtopf und **1 Min./40 °C/Stufe 2** mischen. Mehl hinzufügen und **3 Min./Brotstufe**. 30 Minuten abgedeckt ruhen lassen. **Füllung:** Butter oder Margarine im Mixtopf oder der Mikrowelle schmelzen. Zucker, Kardamom, Zimt miteinander verrühren. Den Teig zu einem Rechteck ausrollen und mit dem flüssigen Fett bestreichen. Die Zuckermasse auf dieser Fläche verstreuen und den Teig von der langen Seite her aufrollen. Mit einem scharfen Messer fingerdicke Stücke abschneiden, auf ein mit Backpapier belegtes Blech legen und mit der flachen Hand ein wenig flach drücken. Mit dem verquirltem Ei bestreichen und erneut im warmen Ofen (50 °C) gehen lassen. Bei 250 °C etwa 5-8 Minuten backen. Unter einem Handtuch abkühlen lassen.

ZUTATEN

75 g Butter oder Margarine, 250 ml Milch, 1 Würfel Hefe (oder 1 Trockenhefe), 75 g Zucker,
1 TL Salz, 1 TL Kardamom gemahlen, 500 g Mehl
FÜLLUNG: 40 g Butter oder Margarine, 50 g Zucker, 1 Pr. Kardamom, 1 EL Zimt, 1 Ei zum Bestreichen

Zimttaler

ZUBEREITUNG

Einen Knetteig im Mixtopf zubereiten (**Brotstufe**) Rollen formen, und in (zuvor gerösteten) gemahlenen Haselnüssen wälzen, einige Stunden kühlen. In ½ cm dicke Scheiben schneiden, mit Kondensmilch bestreichen und mit halbierter Haselnuss belegen. Bei 180 °C (Gas: 2-3) ca. 10 Min. backen.

ZUTATEN

150 g Mehl, 1 TL Zimt, 100 g gemahlene Haselnüsse, 100 g Margarine,
60 g Zucker, einige Tropfen Rumaroma, 1 Ei

Zimt-Tiramisu zur Weihnachtszeit

ZUBEREITUNG

Mascarpone, Milch, Vanillezucker, Zucker **Stufe 4** verrühren. Spekulatius etwas zerbrechen. Espresso und Amaretto mischen. Spekulatius und Mascarpone abwechselnd in einer Keramikform schichten, dabei die Spekulatius großzügig mit Espresso/Amaretto beträufeln. Die letzte Mascarponeschicht mit Zimt bestäuben. Mindestens 2 Stunden abgedeckt im Kühlschrank ruhen lassen. Habe ich auch schon mal am Vortag vorbereitet.

ZUTATEN

1000 g Mascarpone, 1/8 Liter Milch, 1 P. Vanillezucker, 7 EL Zucker,
500 g dunkle Spekulatius, 1 Tasse Espresso, 1 Tasse Amaretto

Zimt-Shortbread

ZUBEREITUNG: Mehl, Salz, Zucker, Butter in den Mixtopf geben und auf **Brotstufe** zu einem Knetteig verarbeiten (mit Spatel). Den Teig in Folie eingewickelt ca. 2 Std. in den Kühlschrank. Zu einer Größe von 15 x 40 cm ausrollen und auf ein mit Backpapier ausgelegte Backblech legen Ca. 20 - 25 Min. ca. 175 °C backen. Sofort nach dem Backen in kleine Dreiecke schneiden und in Zimtzucker wenden.

ZUTATEN

250 g Mehl, 1 Pr. Salz, 100 g Zucker, 175 g Butter

Zimtsterne

ZUBEREITUNG
Mandeln ca. **8 - 10 Sek./Turbo** mahlen und umfüllen. Mixtopf anschließend gut ausspülen und **Rühreinsatz einsetzen**. Eiweiß mit Zucker **1 ½ Min./50°C/Stufe 3** aufschlagen. Rühreinsatz entfernen und die gemahlenen Mandeln mit Zimt und Zitronenaroma zugeben. Anschließend ca. **30 Sek./Stufe 3** mit Hilfe des Spatels unterheben. Teig in Alufolie wickeln und 30 Min. kühl stellen. Zwischen zwei Folien nicht zu dünn ausrollen, kleine Sterne ausstechen und auf ein mit Backpapier ausgelegtes Backblech legen. Sterne bei 150 °C ca. 20 Min. backen. Nach Geschmack mit Puderzuckerglasur verzieren.

ZUTATEN
400 g Mandeln, 2 Eiweiß, 150 g Zucker, 2 TL Zimt,
½ Flasche Zitronenaroma

Zimtherzen

ZUBEREITUNG: Alle Zutaten für den Teig in den Mixtopf geben und ca. **1 Min./Stufe 6** rühren lassen. Im Kühlschrank ca. 1 Std. ruhen lassen. Danach den Teig in kleinen Portionen dünn ausrollen und Herzen ausstechen. Auf einem vorbereiteten Backblech backen. Schaltung: 180 - 200 °C, 2. Schiebeleiste v. u. 160 - 180°C, Umluftbackofen ca. 12 Min.. Die Hälfte der Herzen auf der Unterseite mit verrührtem Gelee bestreichen. Die übrigen mit der Unterseite darauf legen. Herzen mit zerlassener Butter bestreichen und sofort mit Zimt-Zucker bestreuen. Für 50 Stück

ZUTATEN
TEIG: 300 g Mehl, 1 TL Backpulver, gestr., 75 g Puderzucker, 1 Ei, 1 Pr. Salz, 1 TL Zimt, gehäufter,
200 g Butter oder Margarine, 100 g gem. geröstete Haselnüsse
FÜLLUNG: 3 EL schwarzes Johannisbeergelee
ZUM BESTREICHEN: 25 g Butter, zerlassene
ZUM BESTREUEN: 40 g Zucker, ½ TL Zimt.

Zimtsterne - Eiweißverwertung

ZUBEREITUNG
Mandeln oder Haselnüsse (od. halb und halb) in den Mixtopf und **5 Sek./Stufe 10** zerkleinern und umfüllen. Zucker zu Puderzucker mahlen und wieder umfüllen und ausspülen. Mixtopf spülen. 3 Eiweiß mit Rühraufsatz **2-3 Min./Stufe 4** steif schlagen und dann EL-weise den Puderzucker unterrühren. Zum Bestreichen der Sterne 2 gut gehäufte EL Eierschnee abnehmen!!!!! Unter den übrigen Eischnee den Vanillezucker, die Gewürze und ca. die Hälfte der Mandeln (Haselnüsse) rühren. Von dem Rest so viel darunter kneten, dass der Teig kaum noch klebt. Auf einem mit gemahlenen Mandeln oder Puderzucker Backbrett oder Tischplatte den Teig ca. ½ cm dick ausrollen, Sterne daraus stechen und sie auf ein Blech mit Backfolie legen und sorgfältig mit dem restlichen Eierschnee bestreichen. Ca. 20-30 Minuten bei ca. 130-150 °C backen und am besten im Blechdosen aufbewahren!!

ZUTATEN
TEIG: 3 Eiweiß, 250 g Puderzucker, 1 P. Vanillezucker,
3 Tropfen Bittermandelöl, 1 gestrichener TL gemahlener Zimt,
280-300 g Mandeln oder Haselnüsse
ZUM AUSROLLEN: Mandeln oder Haselnusskerne gemahlen oder
Puderzucker

Zimt-Muffins

ZUBEREITUNG

Margarine **1 Min./40 °C/Stufe 2** erwärmen. Übrige Zutaten zugeben, **20 Sek./Stufe 4** verrühren. Teig zu 2/3 in die Muffinförmchen füllen und im vorgeheizten Backofen 15 Min./200 °C backen, auskühlen lassen.

ZUTATEN

250 g Margarine, 180 g Zucker, 1 Pr. Salz, 4 Eier, 3 TL Zimt, 250 g Mehl, 3 TL Backpulver

10 Tassen Weihnachtskekse

ZUBEREITUNG

Nüsse in den Mixtopf geben und **Stufe 8** hacken.
Butter und Erdnussbutter und Zucker in den Mixtopf geben und **Stufe 4** schaumig rühren. Nun Restliche Zutaten zugeben und alles **3 Min./Stufe 4** mixen. Mit einem Löffel kleine Häufchen auf ein mit Backpapier ausgelegtes Blech geben und bei 180 °C für ca. 10-12 Min backen. Eine Tasse entspricht etwa 250 g. Man kann die Häufchen mit Puderzuckerglasur beträufeln, oder nur bestäuben, oder wer's schokoladig mag, auch mit Kuvertüre verzieren.

ZUTATEN

*Nüsse gehackt: 1 Tasse, Butter: 1 Tasse, Zucker weiß: 1 Tasse,
Zucker braun: 1 Tasse, Erdnussbutter: 1 Tasse, Haferflocken: 1 Tasse,
Kokosraspel: 1 Tasse, Rosinen: 1 Tasse, Schokoladenstückchen: 1 Tasse,
Mehl: 1 Tasse, Eier: 3, Natron: 1 Teelöffel, Backpulver: 1 Teelöffel,
Salz: 1 Teelöffel, gemahlene Vanille: 1 Teelöffel,
geriebene Zitronenschale: 1 Esslöffel*

Adventslikör

ZUBEREITUNG: In den Mixtopf folgende Zutaten abwiegen und dann in die beiden Flaschen verteilen: Feigen, Datteln, Trockenpflaumen, Rosinen Vanillestangen, Zimtstangen, Nelken, Pfefferkörner, Kardamompulver oder einige zerdrückte Kapseln, Kandis, Honig die Schale einer unbehandelten Orange, mit Sparschäler dünn abgeschält dann mit 1 l Weinbrand auffüllen. Den Ansatz 4-5 Wochen ziehen lassen. Am besten in einem kühlen Raum. Wer möchte, kann die Früchte (ähnlich wie Rumtopf) zu Pudding oder Eis essen. 2 Flaschen mit weitem Hals und Deckel.

ZUTATEN

200 g getrocknete Feigen, 100 g Datteln, 150 g Trockenpflaumen, 40 g Rosinen, 2 aufgeschlitzte Vanillestangen, 2 Zimtstangen, 6 Nelken, 10 schwarze Pfefferkörner, 1TL Kardamompulver oder einige zerdrückte Kapseln, 200 g Kandis, 4 EL Honig, die Schale einer unbehandelten Orange, 1 l Weinbrand

Apfelglühwein

ZUBEREITUNG: Äpfel durch die Deckelöffnung auf das laufende Messer (**Stufe 5**) fallen lassen. Muskat, Zimt, Zucker und Rotwein zugeben und **4 Sek./Stufe 7** vermischen und **9 Min./70 °C/Stufe 2** erhitzen. Zitronensaft und Orangensaft zugeben und **1 Min./Turbo** gut vermischen. (Wenn Kinder dabei sind, Rotwein durch Traubensaft ersetzen).

ZUTATEN

150 g geschälte Äpfel, 1 Pr. Muskat, 1 Pr. Zimt, 50 g brauner Zucker, ¾ l Rotwein, Saft einer Zitrone, 2 MB Orangensaft

Apfel-Kinderpunsch

ZUBEREITUNG: Apfelsaft, Salz und Zucker in den Mixtopf geben und **3 Min./80 °C/Stufe 5** erhitzen, aber bitte nicht kochen. Danach die Gewürze zugeben und **10 Min./40°C/Stufe 2** durchziehen lassen. Die Zitrone in dünne Scheiben schneiden und in die Gläser legen. Darauf das noch heiße Getränk füllen. Das ist doch das richtige Getränk für das kalte Hundswetter!!! 4 Portionen

ZUTATEN

½ l Apfelsaft, naturtrüb, 1 Pr. Salz, etwas Zucker - nach Geschmack, 1 Stange Zimt, 1 Zitrone, 5 Stück Nelken

Cardriver - Glühwein

ZUBEREITUNG: Alles zusammen in den Mixtopf geben und **5 Min./90 °C/Stufe 4** erhitzen. Dann die Nelken herausnehmen. Sofort servieren und genießen.

ZUTATEN

1 l roter Traubensaft, 150 g Honig, Saft von 1 Zitrone, Saft von 1 Orange, 1 Pr. Zimt, 2 Gewürznelken

Dornfelderlikör

ZUBEREITUNG: Zucker in 1 Min. auf TURBO mahlen. Alkohol zufügen und alles **5 Min./60 °C/Stufe 1-2** vermischen und in Flaschen abfüllen.

ZUTATEN

400 g Zucker, 1 l Dornfelder, ½ Liter Rum 40%, ½ Liter Hefeschnaps

---

Dooleys weihnachtlich

ZUBEREITUNG: Sahne, Muh Muuhs, Stückchen Schokolade (=1 Reihe) in den Mixtopf geben und **7 Min./60 °C/Stufe 1** verrühren. Anschließend bei Bedarf auf **Turbo** durch mixen (wenn noch Stückchen drin sind). Wodka zugeben und verrühren, Lebkuchengewürz nach Geschmack dazu (1-5 Prisen) Fertig!!!!

ZUTATEN

200 g Sahne, 15 St. Sahne Muh Muuhs (Karamell Bonbons mit Kuh auf der Verpackung), 4 Stückchen Schokolade (=1 Reihe), 1 ½ MB Wodka, 1 – 5 Pr. Lebkuchengewürz

---

Glühwein

ZUBEREITUNG: Wasser,Zucker,Nelken,Zimt,Saft der 1/2 Zitrone und die Zitronenscheiben **5 Min./100 °C/Stufe 2** aufkochen, 1 l Rotwein dazugeben nochmals **7 Min./90 °C/Stufe 2** aufkochen.

ZUTATEN

1/8 l Wasser, 80-100 gr. Zucker, 4 Nelken, 1 Stange Zimt, Saft ½ Zitrone, Zitronenscheiben

---

Jagertee

ZUBEREITUNG: 700 g Wasser im Mixtopf **7 Min./100 °C/Stufe 1** kochen 2 TL schwarzen Tee (Teebeutel gehen auch)durch Deckelöffnung in den Gareinsatz geben und **5 Min./Stufe 3** ziehen lassen. Gareinsatz entfernen. Gewürznelken Zimtstange dazugeben. Zucker, Rotwein zugeben, **7 Min./90 °C/Stufe 1** erwärmen. Rum, Obstler ca. 10 Sek. vor Ende der Zeit dazugeben und die Zimtstange entfernen.

ZUTATEN

700 g Wasser, 2 TL schwarzen Tee, 2 Gewürznelken, 1 Zimtstange, 100 g Zucker, 1 Flasche Trockenen Rotwein, 100 g Rum, 100 g Obstler

---

Kinderpunsch

ZUBEREITUNG: Johannisbeersaft, Apfelsaft, Mineralwasser, Zitronenscheiben, Nelken, Zimt, Orangensaft **8-10 Min./90 °C/Stufe 2** erhitzen danach Gewürze entfernen sonst wird der Punsch bitter.

ZUTATEN

½ Fl. schwarzer Johannisbeersaft, ½ Fl. Apfelsaft, ½ Fl. Mineralwasser, 2-3 Zitronenscheiben, 2-3 Nelken, 1-2 Stangen Zimt, etwas Orangensaft

Kinderpunsch 2

ZUBEREITUNG: Die Gewürze mit dem Orangensaft in den Mixtopf geben und **6 Min./90°C/Stufe 3** aufkochen lassen. Dann Brombeersaft dazugeben und nochmals erwärmen, aber nicht kochen **2 Min./80 °C/Stufe 5**. 12 Gläser

ZUTATEN

¾ l Orangensaft, 1 Pr. Nelken, gemahlen Zucker nach Geschmack, ¾ l Brombeersaft, 1 Pr. Zimt gemahlen

---

Kinderpunsch – Winterzeit

ZUBEREITUNG: Wasser - zum Kochen bringen (**100 °C/Stufe 1**), Teebeutel ziehen lassen und Beutel wieder rausnehmen. Schwarzer Johannisbeersaft, Apfelsaft naturtrüb, Saft von 2 Orangen u. Honig dazu. Alles zusammen **5 Min./90°C/Stufe 2**. Der Tee ist so gewürzt, dass man sonst keine Gewürze braucht!!

ZUTATEN

1 l Wasser (Teekanne - Tee „Winterzeit"), 3 Teebeutel, 200 ml schwarzer Johannisbeersaft, 200 ml Apfelsaft naturtrüb, Saft von 2 Orangen, 1 EL Honig

---

Jägermeister – Lebkuchen – Kakao

ZUBEREITUNG: Einfach Kakao im Mixtopf nach normalem Rezept zubereiten und statt dem üblichen Schuss Rum, Bailey's, Amaretto etc. einen guten Schuss Jägermeister rein kippen. Man muss es probieren, schmeckt wirklich nach Lebkuchen! (Alkohol)

ZUTATEN

Kakao, Milch, Jägermeister

Weihnachtslikör

ZUBEREITUNG: Die Trockenfrüchte in eine Schüssel geben, eine halbe Flasche Weinbrand darauf gießen, zudecken und 24 Std. stehen lassen, damit die Früchte quellen. Dann den gesamten Inhalt in ein großes Glas füllen, dann die Gewürze und den restlichen Weinbrand dazu geben. Den Likör etwa 4 Wochen stehen lassen, dann durch einen Sieb geben und nochmals ruhen lassen. Durch einen Filter gießen und den Likör ab in eine Flasche.
Tipp: Die Früchte auf keinen Fall wegwerfen, schmecken gut zu Vanilleeis oder man kann sie auch erwärmen.

ZUTATEN

125 g Getrocknete Feigen, 50 g Datteln (entkernt), 125 g Getrocknete Pflaumen (entsteint), 1 gehäufter El. Rosinen, 1 halbe Vanillestange, 1 halbe Zimtstange,, 3 Gewürznelken, 5 Pfefferkörner (weiß), 1 Pr. Kardamom, 1 EL Bienenhonig, 125 g Kandis, ¾ l Weinbrand

Weihnachtsglühwein

ZUBEREITUNG: Man nehme die Zutaten, gebe sie in den Mixtopf, heize auf **70 °C** und schon bleibt die Wirkung drin weil kein Alkohol verloren geht. Alle Zutaten in einen Topf geben und langsam erhitzen - nicht kochen!

ZUTATEN

½ l Rotwein, ½ l starken schwarzer Tee, ½ l Orangensaft Zimt, gemahlene Nelken, Zucker (nach Geschmack) 3-4 Orangenscheiben, 3-4 Zitronenscheiben

Weißweinpunsch

ZUBEREITUNG: Alle Zutaten zusammen in den Mixtopf geben und **8 Min./80 °C/Stufe 2** erhitzen. In jedes Glas ½ - 1 TL Zucker geben und Punsch eingießen.

ZUTATEN

1 Flasche trockenen Weißwein (0,7 l), 1 MB Portwein, ¼ TL Nelkenpulver, abgeriebene Schale einer Zitrone, 1 Pr. Ingwerpulver, 1 Pr. Zimt

Grippevernichter

ZUBEREITUNG: Alle Zutaten in den Mixtopf geben und **6 Min./ 90 °C/Stufe 2** erhitzen. Heiß servieren und die Bakterien verziehen sich wieder! 4 Portionen

ZUTATEN

300 ml Holunderbeerensaft (ungesüßt), 300 ml Orangensaft, 250 ml Apfelsaft

Weihnachtsmilch für Marzipanfreunde

ZUBEREITUNG: Milch, Marzipanrohmasse den Topf geben, **20 Sek./Turbo** dann **7 Min./90 °C/Stufe 2** einstellen. Etwas Zimt und evtl. nachsüßen (Honig, Zucker o. ä.) und nochmals einige Sek. auf **Turbo** aufschäumen und dann genießen.

ZUTATEN

500 ml Milch, 40 g Marzipanrohmasse, Zimt, evtl. Honig od. Zucker

Getränke zu Weihnachten

Eisdessert zum Weihnachtsmenü

ZUBEREITUNG: Milch, Zucker, Nuss-Nougatcreme in **3 Min./60 °C/Stufe 3** erwärmen, bis sich die Nougatcreme gelöst hat. Zimt, Lebkuchengewürz dazugeben und **5 Sek./Turbo** untermischen, umfüllen und abkühlen lassen. **Rühraufsatz einsetzen!** Sahne, Vanillezucker zusammen steif schlagen. Die Nougatmischung dazugeben und in **1 Min./Stufe 2** unterrühren. Honig, Rumaroma dazugeben und kurz unterrühren. In Eiswürfelbehälter füllen und einfrieren. Vor dem Servieren die Eiswürfel in den Mixtopf geben, dazu die Eiswürfel und in **10 Sek./Turbo** mit Hilfe des Spatels cremig rühren. **Tipp:** evtl. wahlweise gehackte Mandeln, Kokosflocken oder Rosinen unterrühren

ZUTATEN

250 ml Milch, 4 EL Zucker, 1 EL Nuss-Nougatcreme, 1 gestr. EL Zimt, 15 g Lebkuchengewürz, 400 g Sahne, 1 P. Vanillezucker, 3 EL Honig, 1 FL Rumaroma

Glühweinzabaglione

ZUBEREITUNG: Rühraufsatz einsetzen! Nun alle Zutaten in den Mixtopf geben & **7 Min./70 °C/Stufe 2** rühren.

ZUTATEN

250 g Glühwein, 80 g Zucker, 2 Eier, 4 Eigelb

Glühweineis

ZUBEREITUNG: Glühwein - **15 Min./Stufe 2/Varoma®** ohne Deckel reduzieren, umfüllen und auf Zimmertemperatur abkühlen lassen. Vanilleschote- Mark und nochmals Glühwein, Zucker **5 Min./100 °C/Stufe 1** aufkochen. Jetzt kalte Butter in kleinen Stücken **20 Sek./Stufe 5** unterrühren. Reduzierten Glühwein zufügen und **5 Min./70 °C/Stufe 5** köcheln lassen und während der ersten beiden Minuten 2 Eier nacheinander durch die Deckelöffnung zugeben. Die Masse in einer flachen Schale etwas abkühlen lassen und dann einfrieren. Die gefrorenen Masse in 2 Portionen je **15 Sek./Stufe 7** cremig rühren und wieder einfrieren (mindestens für 2 Stunden). Das Eis kristallisiert nicht und lässt sich jederzeit einfach portionieren.

ZUTATEN

400 g Glühwein, Mark 1 Vanilleschote, 200 g Glühwein,, 130 g Zucker, 250 g kalte Butter, 2 Eier

Pflaumenschmandeis und Apfelzimteis

ZUBEREITUNG: Pflaumen und Äpfel kann man prima im Herbst schnell in 300 – 500 g Portionen einfrieren, am besten Stücke auf einem Tablett einzeln legen vor frieren und dann in Beutel füllen! Geht aber auch mit Pflaumen und Zwetschgen aus dem Glas am besten 2 Tage durchfrieren!!!! Zucker mit Zimt zu Puderzucker auf Turbo **10 -15 Sek./Stufe10** pulverisieren. Pflaumen oder Äpfel auf **Stufe 8** zerkleinern beim Mixtopf mit Hilfe des Spatels **10 Sek.** cremig rühren und dann mit Schmand verrühren.

ZUTATEN

300 – 500 g Portionen Pflaumen od. Äpfel, 30 – 60 g Zucker, 1 Msp. Zimt, 1 Becher Schmand

Weihnachtspudding

ZUBEREITUNG: Blockschokolade in groben Stücken in den Mixtopf geben und **10 Sek./Turbo** zerkleinern. Rühraufsatz aufstecken!!! Restlichen Zutaten zugeben und **8 Min./80 °C/Stufe 2** kochen. Vario: anstatt der Blockschokolade, Zartbitterschokolade nehmen und vorher noch 4-5 Stück Werther' s Echte auf Turbo zerkleinern, dann die Zubereitung wie oben.

ZUTATEN

80 g Blockschokolade, 40 g Stärkemehl, 1 TL Lebkuchengewürz, ½ l Milch, evtl. etwas Zucker

Dessert

Apfel mit Zitronenmelisse

ZUBEREITUNG: Zitronenmelisse waschen, trocken tupfen, Äpfel in den Mixtopf, kurz klein häckseln. Zucker dazu wiegen und **9 Min./100 °C/Stufe 1**. Gläser heiß ausspülen, Deckel mit Grand Marnier „desinfizieren" Marmelade einfüllen (ca. 3 kleine Gläser), Gläser 5 Min auf den Kopf stellen.

ZUTATEN
500 g Apfelschnitze, 250 g Gelierzucker 2:1, 1 Handvoll Zitronenmelisse

Winterapfel

ZUBEREITUNG: Ein Schüsselchen Rosinen in Rum einweichen. Äpfel in den Mixtopf, kurz zerkleinern **Stufe 5-7** Zucker dazu wiegen, Zimt und Vanillezucker zufügen und **8 Min./100 °C/Stufe 1** die Rosinen erst hinterher in die Gläser und halt oben etwas Luft lassen. Gläser heiß ausspülen, Deckel mit Rum ausspülen, Marmelade einfüllen und die Gläser 5 Min auf den Kopf stellen

ZUTATEN
500 g Apfelschnitze, 250 g Gelierzucker 2:1, Zimt, Vanillezucker, Rosinen Rum

Bratäpfelchenmarmelade

ZUBEREITUNG: Rosinen über Nacht in Rum einlegen, gehobelte Mandeln ohne Fett in der Pfanne anbräunen beides zur Seite stellen. Äpfel auf **Stufe 3** zerkleinern. Bourbon-Vanille, Zitronensaft, Zimt, Wasser, Gelierzucker einfüllen. Alles **12 Min./100 °C/Stufe 2-3** kochen, 3 Minuten vor Ende der Kochzeit die Mandeln und Rosinen dazugeben

ZUTATEN
50 g Rosinen, 3 EL Rum, 25 g gehobelte Mandeln,
900 g Äpfel (z.B. Boskop), 1 P. Bourbon-Vanille,
Saft 1 Zitrone, 1 TL Zimt, 1 MB Wasser, 500 g Gelierzucker 2:1

Weihnachtsbutter

ZUBEREITUNG: Mandeln und Haselnüsse in den Mixtopf geben und **1 Min./Turbo** zerkleinern. Honig, weiche Butter Zitronensaft dazugeben und **1 Min./Stufe 3-4** verrühren bis eine glatte Masse entsteht. Schmeckt lecker auf Hefezopf, Zwieback usw.

ZUTATEN
50 g Mandeln, 50 g Haselnüsse, 100 g Honig, 100 g weiche Butter, etwas Zitronensaft